Contemporary
Business Russian

Dear Barb,
I hope you get to
the point that this
book will be useful
for you and yours.
Have fun!

Love,
Mary

PETER LANG
New York • Washington, D.C./Baltimore
Bern • Frankfurt am Main • Berlin • Vienna • Paris

Ksenia V. Muratova,
Mary E. Theis, & Andrew Felkay

Contemporary
Business Russian

PETER LANG
New York • Washington, D.C./Baltimore
Bern • Frankfurt am Main • Berlin • Vienna • Paris

Library of Congress Cataloging-in-Publication Data

Contemporary business Russian/ Ksenia V. Muratova,
Mary E. Theis, Andrew Felkay.
p. cm.
English and Russian.
Includes bibliographical references.
1. Russian language—Business Russian. 2. Russian language—Textbooks
for foreign speakers—English. I. Muratova, Ksenia V. II. Theis, Mary
Elizabeth. III. Felkay, Andrew.
PG2120.C6C66   491.782'421'02465—dc20   95-40207
ISBN 0-8204-3054-4

Die Deutsche Bibliothek-CIP-Einheitsaufnahme

Contemporary business Russian/ Ksenia V. Muratova, …
–New York; Washington, D.C./Baltimore; Bern; Frankfurt
am Main; Berlin; Vienna; Paris: Lang.
ISBN 0-8204-3054-4
NE: Muratova, Ksenia V. [Hrsg.]

Cover design by Wendy Lee.

The paper in this book meets the guidelines for permanence and durability
of the Committee on Production Guidelines for Book Longevity
of the Council of Library Resources.

© 1997 Peter Lang Publishing, Inc., New York

Printed in the United States of America.

To our families and students

Acknowledgments

The authors would like to acknowledge the generous support of Kutztown University of Pennsylvania and the State System of Higher Education in Pennsylvania, which provided the initial grant to do research for this project. We would like to express our appreciation for Kutztown University's continued support of the student summer abroad program and of the faculty exchange program with the Diplomatic Academy of the Foreign Ministry of the Russian Federation, which have made the completion of this joint venture possible. We thank the businesses, banks, hotels, and restaurants that have supplied us with the documents and interviews for this book and last, but not least, members of our families who have provided both moral and computer support.

Contents

Introduction

Welcome to the world of commercial Russian! Those who do business, travel, or study in Russia are aware that the recent unprecedented political and economic changes in that country have brought about not only significant financial opportunities but also significant developments in the spoken and written language. *Contemporary Business Russian* has kept up with these new developments. Previously textbooks focused mainly on language appropriate for the study of the humanities. Those textbooks left students inadequately prepared to understand the language of business and did not systematically train them to produce the variety of complex sentences necessary for business and many other types of discourse-length communication.

Contemporary Business Russian bridges these gaps in the instructional materials for learning Russian by introducing students to the vocabulary and structural elements required for business. This book gives them the linguistic tools for performing many typical business functions in actual business contexts. It is aimed both at those who are interested in doing business in Russia and at all students who need an up-to-date, structured approach to commercial and other more advanced levels of discourse. Those who use this text are assumed to possess a basic foundation in Russian, that is, three or four semesters, depending on the intensity of their previous course work. (Teachers working with fourth-semester students are advised to supply everyday examples of the structural points before addressing the same in a business context.)

A unique feature of this text is the variety and scope of the actual commercial documents that students learn to handle. This culturally loaded realia addresses their need to deal with authentic documents required for business. These highly relevant materials appear in progressively more difficult order, beginning logically with the usual visa questionnaire, customs declaration, and a hotel registration pass and concluding with forms for opening bank accounts and making real contracts to establish joint ventures. (Supplementary business documents are provided in Appendix II.) Students learn the technical expressions required for the documents by working through completed samples; then they fill out blank forms with their own answers, activities that let them practice tasks that they may have to perform.

Each of the ten chapters contains practical, business-oriented dialogues with related exercises to develop speaking proficiency and reading comprehension. Narratives on business topics in each chapter, accompanied by vocabularies, questions based on readings, and written assignments, develop proficiency in reading and writing. Both the dialogues and reading passages are supported by structural explanations necessary for effective business communication. In addition to a thorough review of participles and verbal adverbs, the use of a wide range of complex sentences is introduced. Pattern sentences and application assignments are included to help students move from recognition to active use of the new structures. A key to many of the written assignments is provided at the end of the book.

For variety and the development of oral proficiency, each chapter concludes with a brief humorous anecdote and some proverbs, that Russians are so fond of using. A comprehensive Russian-English dictionary appears at the end of the text.

So let's get started doing business in Russian!

Lesson 1

This lesson presents important forms that travelers to Russia must fill out before and upon arrival, a brief initial encounter at the airport, and direct and indirect discourse as used to report business and other transactions.

Мистер Смит, американский бизнесмен, собирается поехать в Россию, чтобы начать совместное предприятие, Прогресс. Для поездки ему необходимо заполнить визовую анкету. Анкета, которую заполнил мистер Смит, находится на следующей странице.

Exercise 1. Теперь вы заполните визовую анкету напротив его визы. (Now you will fill out the visa form facing his).

В самолёте мистер Смит начал заполнять таможенную декларацию. Он выбрал для заполнения декларацию на русском языке, так как решил, что в этом случае он быстрее пройдёт таможенный досмотр. Его таможенная декларация на странице 6.

Exercise 2. Заполните вашу таможенную декларацию по-русски на станице 7 с помощью этого словаря. (Fill out your own customs declaration in Russian on page 7 with the help of this vocabulary.)

акция stock
алмаз uncut diamond
багаж luggage
боеприпасы ammunition
бриллиант diamond
вексель note of exchange
драгоценные камни precious stones
драгоценные металлы precious metals
жемчуг pearl
золото gold
изумруд emerald
икона icon
имущественные документы property documents
лом scrap
лотерея lottery
место thing, piece
монета coin
облигация bond
обработанный вид finished form
поименованный named
платёжные документы payment documents
платина platinum
прибывать/прибыть to arrive, to get in
приспособления devices, paraphernalia
прописью in words
рубин ruby
ручная кладь hand luggage
сапфир sapphire
сведение information
серебро silver
следовать/последовать to be bound for
  В какую страну следует country of destination
сообщение report
старина antique, antiquity
  предметы старины antiques
сырый вид rough form
таможенная декларация customs declaration
таможенник customs official
таможенный досмотр customs inspection
цифр cipher, number
  цифрами numbers written as figures
ювелирные изделия gold and silver ware, jewelry

ВИЗОВАЯ АНКЕТА

Nationality	Национальность *американец*
Present Citizenship If you ever had Soviet or Russian citizenship, when and why did you lose it?	Гражданство (если вы имели советское или российское гражданство, то когда и в связи чем его утратили) *С.Ш.А.*
Surname (in Capital Letters)	Фамилия *СМИТ*
First and Middle Names	Имя, *Роберт Джон* Отчество
Day, Month, Year of Birth ☐☐☐☐☐☐ Sex	Дата рождения [1][9][0][9][5][0] Пол *М*
Purpose Business ☐ Pleasure ☐ of Trip	Цель Бизнес ☒ Туризм ☐ поездки
Depart or Organizations to be visited.	В какое учреждение. *Прогресс*
Tourist or Travel Agency Reference.	Регистрационный номер. *Интурист 4821*
Destinations (cities)	Маршрут следования (в пункты) *Москва*
Date of Entry Date of Departure ☐☐☐☐☐☐ ☐☐☐☐☐☐	Дата въезда Дата выезда [1][6][0][6][9][6] [2][3][0][6][9][6]
Profession	Профессия *бизнесмен*
Position.	Должность *президент фирмы Техтран*
Place of Birth. If you were born in USSR or Russia, when and where emigrated.	Место рождения *Нью Йорк* Если вы родились в СССР или России, то куда и когда эмигрировали?
Passport No. Expiration Date	Категория ☐ Вид и кратность [0][8] визы *деловой*
Maiden Name	Девичья фамилия *NA*
Spouse's Name	Фамилия мужа *NA*
Dates of previous visits to USSR or Russia	Даты ваших поездок *NA* в СССР или Россию
Do you have medical coverage valid in Russia? (Check one.)	Official Medical Protection Plan Purchased ☒ Paid by Host ☐

Place of work or study, address (Место работы) Office Tel. No. (Рабочий тел.)
Techtran 102 Broadway, New York, NY 10021 U.S.A. (212) 960-7088
Permanent Address. (Адрес постоянного места жительства) *108 Village Road,*
Forest Hills, NY 11375 U.S.A. Home Tel. No. (Домашний тел.) *(718) 410-8975*

I declare that the data given in this questionnaire are correct and comprehensive.
Я заявляю, что все данные, указанные в анкете, являются правильными и
полными. Signature (Подпись) _____ *Robert J. Smith*

ВИЗОВАЯ АНКЕТА

Nationality	Национальность
Present Citizenship If you ever had Soviet or Russian citizenship, when and why did you lose it?	Гражданство (если вы имели советское или российское гражданство, то когда и в связи чем его утратили)
Surname (in Capital Letters)	Фамилия
First and Middle Names	Имя, Отчество
Day, Month, Sex Year of Birth ☐☐☐☐☐☐	Дата Пол рождения ☐☐☐☐☐☐
Purpose Business ☐ Pleasure ☐ of Trip	Цель Бизнес ☐ Туризм ☐ поездки
Department or organizations to be visited. Tourist or Travel Agency Reference.	В какое учреждение. Регистрационный номер.
Destinations (cities)	Маршрут следования (в пункты)
Date of Entry Date of Departure ☐☐☐☐☐☐ ☐☐☐☐☐☐	Дата въезда Дата выезда ☐☐☐☐☐☐ ☐☐☐☐☐☐
Profession	Профессия
Position.	Должность
Place If you were born in USSR of or Russia, when and where Birth. emigrated.	Место Если вы родились в СССР рождения или России, то куда и когда эмигрировали?
Passport No. Expiration Date	Категория ☐ Вид и кратность ☐☐ визы
Maiden Name	Девичья фамилия
Spouse's Name	Фамилия мужа
Dates of previous visits to USSR or Russia	Даты ваших поездок в СССР или Россию
Do you have medical coverage valid in Russia? (Check one.)	Official Medical Protection Plan Purchased ☐ Paid by Host ☐
Place of work or study, address (Место работы) Office Tel. No. (Рабочий тел.)	
Permanent Address. (Адрес постоянного места жительства) Home Tel. No. (Домашний тел.)	

I declare that the data given in this questionnaire are correct and comprehensive.
Я заявляю, что все данные, указанные в анкете, являются правильными и
полными.   Signature (Подпись) _____

Сохраняется на все время пребывания в РФ или за границей.
При утере не возобновляется.

Сообщение неправильных сведений в таможенной декларации, а также сотруднику таможни влечет за собой ответственность на основании законодательства РФ.

ТАМОЖЕННАЯ ДЕКЛАРАЦИЯ

Фамилия, имя, отчество _____ *Смит, Роберт Джон* _____
Гражданство _____ *С.Ш.А.* _____
Из какой страны прибыл _____ *С.Ш.А.* _____
В какую страну следует _____ *Россию* _____
Цель поездки (деловая, туризм, личная и т. п.) _____ *деловая* _____
Мой багаж, включая ручную кладь, предъявляемый для таможенного контроля, состоит из _____ *3* _____ мест.
При мне и в моем багаже имеются:
I. Оружие всякое и боеприпасы _____ *Нет* _____
II. Наркотики и приспособления для их употребления _____ *Нет* _____
III. Предметы старины и искусства (картины, рисунки, иконы, скульптуры и др.) _____ *Нет* _____
IV. Российские рубли, облигации государственных займов РФ и билеты российских лотерей _____ *Нет* _____
V. Другая валюта (кроме российских рублей), (банкноты, казначейские билеты, монеты), платежные документы (чеки, векселя, аккредитивы и другие), фондовые ценности (акции, облигации и другие) в иностранной валюте, драгоценные металлы (золото, серебро, платина, металлы платиновой группы) в любом виде и состоянии, природные, драгоценные камни в сыром и обработанном виде (алмазы, бриллианты, рубины, изумруды, сапфиры, а также жемчуг), ювелирные и другие бытовые изделия из драгоценных металлов и драгоценных камней и лом таких изделий, а также имущественные документы.

| Наименование | Количество | | Отметки |
	цифрами	прописью	таможни
Доллары США	*$5,000*	*пять тысяч долларов*	
Фунты стерлингов			
Французские франки			
Марки ФРГ			

VI. Принадлежащие другим лицам российские рубли, другая валюта, платежные документы, ценности и любые предметы _____ *Нет* _____

Мне известно, что наряду с предметами, поименнованными в декларации, подлежат обязательному предъявлению для контроля: Произведения печати, рукописи кинофотопленки, видео- и звукозаписи, почтовые марки, изобразительные материалы и т. п., равно как и предметы не для личного пользования.

Также заявляю, что отдельно от меня следует принадлежащий мне багаж в количестве _____ *0* _____ мест. Подпись владельца ручной клади

« *16* » _____ *июня* _____ 199 *6* г. и багажа _____ *Роберт Дж. Смит* _____

Сохраняется на все время пребывания в РФ или за границей.
При утере не возобновляется.

Сообщение неправильных сведений в таможенной декларации, а также сотруднику таможни влечет за собой ответственность на основании законодательства РФ.

ТАМОЖЕННАЯ ДЕКЛАРАЦИЯ

Фамилия, имя, отчество _____

Гражданство _____

Из какой страны прибыл _____

В какую страну следует _____

Цель поездки (деловая, туризм, личная и т. п.) _____

Мой багаж, включая ручную кладь, предъявляемый для таможенного контроля, состоит из _____ мест.

При мне и в моем багаже имеются:

I. Оружие всякое и боеприпасы _____

II. Наркотики и приспособления для их употребления _____

III. Предметы старины и искусства (картины, рисунки, иконы, скульптуры и др.)

_____

IV. Российские рубли, облигации государственных займов РФ и билеты российских лотерей _____

V. Другая валюта (кроме российских рублей), (банкноты, казначейские билеты, монеты), платежные документы (чеки, векселя, аккредитивы и другие), фондовые ценности (акции, облигации и другие) в иностранной валюте, драгоценные металлы (золото, серебро, платина, металлы платиновой группы) в любом виде и состоянии, природные, драгоценные камни в сыром и обработанном виде (алмазы, бриллианты, рубины, изумруды, сапфиры, а также жемчуг), ювелирные и другие бытовые изделия из драгоценных металлов и драгоценных камней и лом таких изделий, а также имущественные документы.

Наименование	Количество		Отметки
	цифрами	прописью	таможни
Доллары США			
Фунты стерлингов			
Французские франки			
Марки ФРГ			

VI. Принадлежащие другим лицам российские рубли, другая валюта, платежные документы, ценности и любые предметы _____

Мне известно, что наряду с предметами, поименнованными в декларации, подлежат обязательному предъявлению для контроля: Произведения печати, рукописи кинофотопленки, видео- и звукозаписи, почтовые марки, изобразительные материалы и т. п., равно как и предметы не для личного пользования.

Также заявляю, что отдельно от меня следует принадлежащий мне багаж в количестве _____ мест. Подпись владельца ручной клади

« » _____ 199 г. и багажа _____

Exercise 3.   У вас паспортный контроль.   Ответьте на следующие вопросы. (At passport control, answer the following questions in Russian.)

1. Откуда вы приехали?
2. С какой целью вы приехали в Россию?
3. Как долго вы собираетесь пробыть в России?
4. Сколько у вас с собой валюты (долларов)?

Dialogue: В аэропорту
Коммерческий директор Прогресса встречает мистера Смита.

Александр Борисович Минаев: Рад вас видеть, мистер Смит. Как вы долетели?

Мистер Смит: Спасибо. Прекрасно. Я тоже очень рад нашей встрече, Александр Борисович.

Александр Борисович Минаев: А где ваш багаж?

Мистер Смит: Вот мой чемодан и сумка.

Александр Борисович Минаев: Отлично. Тогда пойдёмте. Я оставил машину на стоянке. Это совсем рядом.

Мистер Смит: Пойдёмте.

Exercise 4.   Вас не встретили. Спросите в справочном бюро, как вам добраться до вашей гостиницы.   Составьте небольшой диалог, возможный в этой ситуации. (No one was there to meet you at the airport. Ask at the information office how you can get to your hotel. Compose a short dialogue that might occur in this situation.

Exercise 5.   Позвоните из аэропорта вашему партнёру по бизнесу (коллеге по работе или другу), скажите, что вы прилетели в Россию. Составьте диалог, возможный в этой ситуации. (From the airport, call your business partner [colleague at work or friend] to tell him or her that you have flown to Russia. Compose a dialogue for this situation.)

Effective Business Communication:
Direct and Indirect Speech
To report what somone has said, a speaker may use direct or indirect speech. Quoting a report is called "direct speech." Otherwise, the discourse takes the form of indirect speech in dependent clauses.

Such clauses begin with the conjunction *что* for reported statements or *чтобы* for reported commands or requests. Reported questions beginning with interrogative words require no additional conjunction; those without them add the particle, *ли,* as the second element in the dependent clause.

STATEMENTS IN DIRECT AND INDIRECT SPEECH

Контролёр в банке сказал нам: "Мы списали с вашего счёта 1.200 долларов." (The controller in the bank told us: "We have deducted $1,200 from your account.") This directly reported quotation can also be expressed indirectly: Контролёр в банке сказал нам, что они списали с нашего счёта 1.200 долларов. (The controller in the bank told us that they deducted $1,200 dollars from our account.)

IMPERATIVES IN DIRECT AND INDIRECT SPEECH

Директор фирмы сказал нам: "Я прошу вас немедленно обменять полученный товар." (The director of the firm said to us: "I ask you to exchange immediately the merchandise that you've received.") This command can also be reported indirectly: Директор фирмы сказал нам, чтобы мы немедленно обменяли полученный товар. (The firm's director said to us that we should immediately exchange the merchandise we received.)

QUESTIONS BEGINNING WITH AN INTERROGATIVE WORD IN DIRECT AND INDIRECT SPEECH

Questions beginning with *где, куда, когда, чей, сколько, который* or other question words can be reported directly as follows. Мы спросили агента: "Когда ваша фирма сможет возместить нам всю сумму за причинённый убыток?" (We asked the agent: "When will your firm be able to reimburse us the total sum for the incurred loss?") The same information can be indirectly reported: Мы спросили агента, когда их фирма сможет возместить нам всю сумму за причинённый убыток. (We asked the agent when their firm would be able to reimburse us the total sum for the incurred loss?)

QUESTIONS WITHOUT AN INTERROGATIVE WORD IN DIRECT AND INDIRECT SPEECH

Questions without an interrogative word can be reported directly as follows. Заведующий отделом спросил меня: "Вы знаете условия оплаты?" (The head of the department asked me: "Do you know the conditions of payment?") The same question can be reported indirectly. Заведующий отделом спросил меня, знаю ли я условия оплаты. (The head of the department asked me whether or not I knew the conditions of payment.)

Assignment 1. Replace direct with indirect speech in these sentences.

1. "Мы вынуждены передать наше дело на решение в арбитраж," сообщила нам фирма.

2. В Москву была послана телеграмма: "Часть товара повреждена вследствие плохой упаковки."
3. Я спросил коллегу: "Где находится новый каталог?"
4. Мы спросили устроителей ярмарки: "Какие новые модели машин будут демонстрироваться на ярмарке?"
5. "Вам знакомы условия платежа?" — спросил меня служащий в банке.
6. "Вас устраивает стоимость упаковки?" — спросил я покупателя.
7. "Вышлите немедленно дополнительные документы!" — потребовал наш представитель.
8. "Цены на товар должны быть вами снижены," — сказал эксперт.

READING:
ИНТЕРВЬЮ С ОСНОВАТЕЛЕМ ИНКОМБАНКА
А.

"Инкомбанку" преуспевать удаётся, несмотря—или вопреки—той экономической ситуации, в какой находится Россия. За пять лет его существования доход банка возрос в тысячу раз и продолжает увеличиваться. "Инкомбанк" первым из частных банков достиг баланса в миллиард долларов, первым стал лидером на внутреннем валютном рынке, а недавно первым вышел на рынок американский.

"Инкомбанку", начинавшему почти с нуля, удалось всё это, потому что правят им профессионалы, потому что они умеют считать деньги. Приоритет в деятельности банка—подъём российской экономики.

Интервью с Владимиром Виноградовым—основателем и председателем правления "Инкомбанка", крупнейшего в России частного коммерческого банка.

—Что вы думаете о роли коммерческих банков в переходе к рынку? Какие надежды, расчёты связываете с американскими партнёрами?

—Когда говоришь сегодня в Америке банкирам и официальным лицам, что сейчас баланс нашего банка превысил миллиарды долларов, это воспринимается с немалым уважением,—сказал Виноградов. —Хотя в Америке есть банки с балансом в 200, в 250 миллиардов и больше. Но, зная специфические российские обстоятельства, здесь ценят наши достижения и готовы иметь с нами дело. Деньги идут к деньгам.

Круг проблем, которыми будет заниматься наш американский офис, определён. В основном это будет работа с ценными бумагами. Нашим представителем в Нью-Йорке станет, возможно, один из крупных государственных чиновников. Работа в правительстве организована далеко не лучшим образом, и потому деятельность в таком банке для серьёзного человека должна быть привлекательной.

Ещё до открытия офиса мы продали солидный пакет акций банка—на сорок миллионов долларов. Это первая продажа наших акций на американском рынке, их первая котировка. Переговоры с инвестором—покупателем акций—прошли успешно. Это первый шаг. Если он окажется удачным, перейдём к продаже облигаций. Это позволит получить и уставной капитал, и долгосрочные ресурсы. Будем предлагать облигации большому числу частных инвесторов.

—Уверены, что вам удастся это сделать?

—Да, думаю, что удастся, поскольку наша процентная ставка выше существующей сейчас в Америке — 6,8 процента. Цифра, характерная для долгосрочных вложений. У нас же будут среднесрочные или краткосрочные облигации—на год-полтора со ставкой в 7 процентов и более.

Б.

—Что позволило "Инкомбанку" выйти на американский рынок? Могло ли подобное произойти год назад? В чём особенность сегодняшнего момента?

—Когда у Амундсена спросили, как ему удалось достичь Южного полюса, он ответил, что шёл к этой цели всю жизнь. Нашему банку в этом году исполнится пять лет, он был создан 11 ноября 1988 года. С тех пор я не раз приезжал в Америку, бывал и в Европе. Шло также интенсивное профессиональное общение в банковском сообществе России. Банк накопил опыт, подтвердил высокую репутацию, и главное, стал располагать финансовыми ресурсами.

—Что же давало вам основания надеяться на успех?

—Хорошая работа "Инкомбанка". Сейчас с нами считаются солидные мировые банки, нас знают как надёжных партнёров. "Бэнк оф Нью-Йорк", например, предоставил в высшие государственные финансовые органы Америки —экспортно-импортный банк США— свидетельство успешного сотрудичества с нами.

—Чему вы научились, общаясь с американским бизнесом, банковским миром? Какой опыт почерпнули?

—Я встретился с настоящей банковской культурой. А начинается она с того, как построены здания банков, как организованы их рабочие площади. Я убеждён, что надо посылать молодых людей сюда для учёбы. У "Инкомбанка" есть деньги для того, чтобы посылать молодёжь в Америку. Я не вижу ничего страшного, если один из десяти стажеров останется там. Это естественные потери. Остальные же вернутся, обогащённые таким опытом, какого они никогда не получили бы дома.

B.

—По каким направлениям, на ваш взгляд, могут развиваться отношения коммерческих банков с американскими?

—Одно из главных—корреспондентские отношения. Мы имеем 70 корреспондентских счётов с западными банками-корреспондентами. Это переводы средств по поручению наших клиентов из России и обратно. Чем больше аккредитивов открывается банком в пользу другого банка, тем больше товаров поступает в страну или экспортируется из неё.

—Как сопрягается ваша банковская стратегия с общим российским курсом на реформы? Справедливо ли будет сказать, что коммерческие банки опередили других участников начавшихся преобразований?

—Без банков никакие реформы были бы невозможны. Суть реформ в децентрализации и демократизации экономики. Если раньше в России экспортом и импортом занималось пять-шесть всесоюзных объединений, то сейчас пятьдесят-шестьдесят тысяч организаций. Они не в состоянии проводить экспортно-импортные операции без посредничества банков. Все наши операции направлены на решение сложной задачи—привлечения в страну западного капитала.

—И всё же, что может привлекать американцев в России как торговом партнёре?

—Россия—это большой в перспективе рынок. Россия — это десятки миллионов человек, а вместе с бывшими республиками — более четверти миллииарда. По размерам это практически такой же рынок, как американский. Но в США рынок перенасыщён. А наш рынок свободен. Но чтобы американцы пришли на наш рынок, нам нужны стабильная экономика и конвертируемый рубль.

(*Литературная Газета* 11. VIII 93. No. 32. стр.14)

Assignment 2. Answer these questions on the text.

1. Каков баланс "Инкомбанка"?
2. Чем будет заниматься американский офис "Инокомбанка"?
3. Что позволило "Инкомбанку" выйти на американский рынок?
4. Что привлекает В. Виноградова в американском банковском мире?
5. Какие направления, по мнению В. Виноградова, являются главными в развитии отношений между коммерческими банками России и Америки?
6. Как банки участвуют в преобразовании Российской экономики?
7. Чем может привлечь Россия американцев как торговый партнёр?

Assignment 3. Retell part B of the interview, replacing direct speech with indirect speech.

HUMOR: НАОБОРОТ

Один молодой художник сказал старому знаменитому мастеру, что он с трудом продаёт свои картины:

—Я рисую картину два-три дня, а чтобы продать её, нужно два-три года.

Старый художник посмотрел на юношу, который так неудачно рисовал, и посоветовал:

—А вы сделайте наоборот! Рисуйте одну картину два-три года, и тогда вы продадите её за два-три дня.

PROVERBS AND SAYINGS*

Там хорошо, где нас нет.
The grass is always greener on the other side of the fence.

Век живи, век учись.
Live and learn.

Волков бояться — в лес не ходить.
If you cannot stand the heat, stay out of the kitchen.

Всё хорошо, что хорошо кончается.
All is well that ends well.

Дорога ложка к обеду.
A spoon is dear when lunch time is near.

Дружба дружбой, а служба службой.
Don't mix business with pleasure.

*Corresponding proverbs are used when possible.

WORDS AND EXPRESSIONS IN THE TEXT

аккредитив	letter of credit
акция, акции	share, shares, stock
акция на предъявителя	common share
именная акция	nominal share
привилегированная акция	preferred share

акционер	stockholder
вложение	investment
достигать/достичь (чего?)(до чего?)	to attain, to reach
доход	income
корреспондентский	correspondent
корреспондентский счёт	correspondent account
котировка	quotation
облигация	bond, debenture
общение	relations, links
опережать/опередить (кого?)(в чём?) (что?)	to outstrip, to forestall
переводы средств по поручению	transfers of assets on instruction
перенасыщён	oversaturated
перспектива	perspective, outlook, future
подъём (чего?)	development, raising
поскольку	so long as
почерпнуть (что?)	to get, to obtain
превышать/превысить (что?)	to exceed
преуспевать/преуспеть (в чём?)	to prosper
рабочие площади	workers' areas
располагать/расположить (что?)(где?)	to dispose, to arrange, to set out
сообщество	association
сопрягаться (с чем?)	to be connected with
ставка	rate
процентная ставка	interest rate
стажёр	intern
удаваться/удасться (что сделать?)	to succeed
уставной капитал	start-up capital
ценный	valuable
ценные бумаги	securities
частный	private

Lesson 2

Dialogue 1: В машине

Александр Борисович Минаев: Мистер Смит, вы ведь первый раз в Москве?

Мистер Смит: Да, я приехал в Москву впервые.

Александр Борисович Минаев: Тогда вы должны обязательно совершить экскурсию по городу.

Мистер Смит: С удовольствием. Я надеюсь, что у меня будет немного свободного времени. А наша гостиница далеко?

Александр Борисович Минаев: Уже скоро приедем. Ваша гостиница находится недалеко от бышего олимпийского центра.

Мистер Смит: А как она называется?

Александр Борисович Минаев: "Пента." Это хорошая гостиница. Надеюсь, что вам там будет удобно.

Мистер Смит: Спасибо....

Александр Борисович Минаев: А вот и приехали. Смотрите, вот ваша гостиница!

Мистер Смит: Отлично! Очень красивое, современное здание.

Exercise 1. Остановите такси. Попросите водителя довести вас до вашей гостиницы, в дом вашего друга, на фирму. Составьте диалог, возможный в этой ситуации. (Hail a taxi. Ask the driver to take you to your hotel, to a friend's house, or to a firm. Compose a dialogue that might occur in this situation.)

Dialogue 2: В гостинице

Александр Борисович Минаев: Добрый вечер.

Регистратор: Добрый вечер.

Александр Борисович Минаев: Здесь должен быть заказан номер для мистера Смита.

Регистратор: На сколько дней?

Александр Борисович Минаев: На одну неделю.

Регистратор: Да, такой заказ есть. Вот ваш пропуск. Пожалуйста, не забывайте его в номере, так как вам необходимо его предъявлять каждый раз при входе в отель. Если вы оставляете свой ключ у администратора в гостинице, а не берёте его с собой, вам также надо предъявлять свой пропуск для получения ключа.

Мистер Смит: Спасибо.

Регистратор: Ваш номер — 629. Это шестой этаж. Лифт направо.

Мистер Смит: Большое спасибо. До свидания.

Регистратор: Всего доброго.

Мистер Смит получает свой пропуск для гостиницы.

Exercise 2. Заполните специальный бланк для гостиницы на русском языке. (Fill out this special hotel form in Russian.)

| 1 2 3 4 5 6 7 8 9 10 11 12 13 14 15 16 |
| 17 18 19 20 21 22 23 24 25 26 27 28 29 30 31 |

No.

1. При получения ключа предъявляйте эту карточку.
Please produce this room card when obtaining your room key.

Фамилия

Name

2. Передача карточки другому лицу запрещается.
Please don't hand the card over to other people.

Страна

Country

3. Карточка с отметкой о сдаче ключа об оплате за проживание и переговоры по телефону является пропуском на вынос вещей из гостиницы.
The card marked with "key returned," "room paid," and "telephone bills paid" serves as a permit for taking the luggage out of the hotel.

Комната

Room

4. За несданные на хранение ценности и деньги гостиница ответственности не несёт.
The hotel is not responsible for the valuable articles, money, and things which are not checked into the safe.

Извещение

Reference

Пропуск на вынос вещей из гостиницы

Количество   Дежурная
                  Дата

Расчётный час 12:00   Администратор
Check-out time noon

| I | II | III | IV | V | VI | VII | VIII | IX | X | XI | XII |

Exercise 3. Закажите по телефону ужин к себе в номер. (Call room service to order supper in your room.)

Effective Business Communication: Complex Sentences with the Relative Pronoun, *Который*

Efficient business correspondence and communication in Russian frequently require the use of complex sentences. Complex sentences consist of one main (independent) clause and at least one dependent (subordinate) clause. In Russian, a dependent clause is joined to a main clause by *союзные слова* (conjunctions) or, when the subordinate clause is related to a noun or pronoun in the main clause, by *относительные местоимения* (relative pronouns), such as *какой, чей, кто, что,* and *который.*

A common method of subordination in Russian uses the relative pronoun, *который (которая, которое, которые),* which may mean *who, which, that, whom,* or *whose. Который* always agrees in number and gender with the noun it relates to in the main clause. Its case depends on its function in its dependent relative clause.

Dependent relative clauses always follow the main clause, except when *кто* and *что* are used, and are always set off by commas, like all subordinate clauses in Russian. The relative clause with *который* answers the question, "какой" as shown in the pattern sentences here.

Pattern Sentences.
1. Проект коллективного договора, который разрабатывается администрацией и профсоюзным комитетом, выносится на обсуждение коллектива. (Какой проект выносится на обсуждение коллектива?)
   The project of the collective agreement, which is being worked out by the administration and the trade union committee, is being submitted for the consideration of the collective. (Which project is being submitted for the collective's discussion?)
2. Фирма, которая выполняет ремонтно-строительные работы, значительно расширила сферу своих услуг. (Какая фирма значительно расширила сферу своих услуг?)
   The firm that is doing the remodeling significantly expanded its sphere of services. (Which firm significantly expanded its sphere of services?)
3. Предприятие, которое заключило данный договор, пользуется доверием в деловых кругах. (Какое предприятие пользуется доверием в деловых кругах?)
   The enterprise that concluded the present agreement enjoys the confidence of business circles. (Which enterprise enjoys the confidence of business circles?)

Assignment 1. Underline the subordinate clause in the following sentences. Then identify the number and gender of the antecedents in the main clause and the case of the relative pronoun, *который.*

1. Самостоятельно сбывает свою продукцию предприятие, которое отказалось от услуг внешнеторговых фирм.
2. Коллективное исследование рынка—это первый этап, который необходим предприятию для составления программы и планов маркетинга.

3. Россия углубляет связи с мировым хозяйством, которые будут содействовать решированию её отношений с международными экономическими организациями.
4. Фирма "Шкода" планирует к 1997 году удвоить своё производство, которое достигнет 400000 автомобилей в год.
5. Московское патентное бюро—это одно из предприятий, к услугам которого прибегают многие лица, фирмы и организации.
6. Институт управления—это учебный центр, в котором получают образование будущие менеджеры.
7. Во многих странах организуются специальные школы бизнеса для деловых женщин, которые хотят работать в сфере экономики.
8. Экспортный ассортимент, который значительно расширился, может заинтересовать торговых партнёров.
9. Внешнеэкономическая служба, которая обеспечивала сбыт продукции, была сокращена в несколько раз.
10. Законы, которые регулируют торговлю, должны быть стабильными.

READING: САВВА МОРОЗОВ

Савва Тимофеевич Морозов—промышленник, реформатор, меценат, один из виднейших представителей русского купечества, который мечтал о парламентской России.

Савва Тимофеевич Морозов родился в Москве в купеческой семье в 1861 году. Его отец и дед были известными московскими купцами. Интересно, что дед Морозова, Савва Васильевич Морозов, который к концу жизни владел огромным капиталом (150 миллионов рублей), начал своё дело с пятью рублями в кармане.

Савва Тимофеевич получил прекрасное образование, он окончил гимназию, затем университет в Москве и Кембридже. Его круг интересов был широк и разносторонен. Человек большой энергии и большой воли Морозов глубоко анализировал все пути развития российской промышленности.

Фабрика, которую основал его отец, была первой хлопчатобумажной фабрикой в России. Продукция этой фабрики славилась далеко за пределами России. Высокое качество товаров этой фабрики было известно далеко за пределами России.

Савва Морозов, который изучал текстильное производство в Манчестере, начал вести своё дело (управлять своим делом) по-новому. Он старался установить стиль делового общения с подчинён-ными, которые теперь могли спорить с молодым директором и отстаивать своё мнение.

В 1903 году основной капитал морозовской мануфактуры вырос на 2,5 миллиона рублей, а прибыль составляла 20-25 копеек с каждого рубля. Кроме того, Морозов разработал новый проект управления фабрикой, по которому рабочие мануфактуры могли приобретать свой пай наравне с владельцами фабрики.

В 1896 году в России проходил Всероссийский торгово-промышленный съезд, на котором Морозов выступил с подробным анализом дел в российской промышленности. На этом съезде он одним из первых сказал о необходимости долгосрочных заграничных кредитов для развития машиностроения, горного дела и металло-производства в России. Идеи Морозова были восприняты. С 1885 года по 1905 год иностранные кредиты выросли с 208,1 миллиона до 1034,4 миллиона золотых рублей.

Так, в начале двадцатого столетия Россия начала выходить на передовые рубежи мировой индустрии благодаря таким промышленникам, каким был Савва Морозов.

Савва Тимофеевич был человеком разносторонних интересов. В Москве он на свои средства построил так называемый народный дом (клуб) для рабочих мануфактуры. В этом Доме рабочие и члены их семей могли пользоваться прекрасной библиотекой, в которой было более десяти тысяч книг и множество газет и ежемесячных журналов. Рабочих и их семьи приглашали в народный Дом на просмотр новых интересных спектаклей, так как одним из серьёзных увлечений Морозова был театр. Морозов полностью взял на себя финансирование Московского Художественного театра (МХАТ). К сожалению, многим замечательным идеям Морозова не суждено было осуществиться.

Революционные события, которые потрясли Россию сначала двадцатого века, тяжело отразились на душевном состоянии Морозова. 26 мая 1905 года в Ницце Морозов застрелился.

Долго среди рабочих морозовской мануфактуры жила легенда, что Морозов не умер, а отказался от богатства и тайно ходит по фабрикам, учит рабочих и помогает им.

Assignment 2. Answer these questions on the text.

1. Где родился Савва Морозов?
2. В какой семье он родился?
3. Какое образование получил Савва Морозов?
4. Какие черты характера характеризуют Савву Морозова?
5. Каким предприятием руководил Морозов?
6. Что нового внёс Морозов в период своего руководства фабрикой?
7. Когда состоялся Всероссийский торгово-промышленный съезд?
8. Что сказал в своём выступлении Савва Морозов?

9. Были ли восприняты в России его идеи?
10. Какова роль Саввы Морозова в экономическом и культурном
    развитии России?

Assignment 3. Identify the main and dependent clauses of the complex
sentences in the reading by underlining the dependent relative clauses. Then
replace these sentences with two simple sentences according to this example:

*Савва Морозов, который родился в старинной купеческой семье, стал
известным русским промышленником и меценатом.*
Савва Морозов родился в старинной купеческой семье.
Савва Морозов стал известным русским промышленником и
меценатом.

Assignment 4. Determine the case required by these verbs and then use
который to create complex sentences with them:

1. анализировать, основать, изучать, разработать, приобретать,
   построить, отстаивать, приглашать, финансировать, осуществить
2. владеть, спорить, выступать, пользоваться

Assignment 5. Explain the case of *который* in the following sentences.

1. Савва Морозов, имя которого было широко известно в России,
   сделал глубокий анализ пути развития российской
   промышленности.
2. Дед Саввы Морозова, которому принадлежала текстильная
   фабрика, владел огромным капиталом.
3. На текстильной фабрике, на которой Морозов установил новые
   порядки, новый стиль делого общениия, работали
   высококвалифицированные рабочие.
4. Морозовская мануфактура, о которой знали за границей,
   выпускала ткани самого высокого качества.
5. Савва Морозов высоко ценил литературу и искусство и помогал
   писателям, художникам и артистам, с которыми был знаком.

HUMOR: НЕУДАЧНЫЙ БИЗНЕС

Один человек написал Вольтеру: " У меня есть большое количество
скандальных анекдотов о вас, которые вы можете купить у меня за
пять тысяч франков."

Вольтер ответил: "У меня тоже есть немало скандальных анекдотов
обо мне, которые я охотно продам вам за пять франков."

PROVERBS AND SAYINGS

Что имеем, не храним, потерявши, плачем
We do not take care of what we have, but we regret when we have lost it.

Пройти сквозь огонь, воду и медные трубы.
To go through hell and high water.

Не имей сто рублей, а имей сто друзей.
Better to have 100 friends than 100 rubles.

Хороший товар сам себя хвалит.
Quality merchandise sells itself.

Друзья познаются в беде.
A friend in need is a friend indeed.

WORDS AND EXPRESSIONS IN THE TEXT

анализировать (что?)	to analyze
бумага	cotton, paper
бумажный	cotton, paper
владелец (чего?)	owner
владелец фирмы, завода, акций	owner of a firm, plant, stock
владеть (чем?)	to own, to possess
воспринимать/воспринять (что?)	to perceive as, to grasp
выступать/выступить (где?) (когда?) (с чем?)	to perform, to come forward
выступить с речью, с подробным анализом	to give a speech with detailed analysis
выходить	to come out, to go out
выходить на передовую арену	to emerge onto the foremost arena
выходить на передовые рубежи (чего?)	to emerge on the cutting edge
дело	business, affair, matter
деловая женщина	businesswoman
деловой	business
деловой человек	businessman
деловые люди	business people
капитал вырос	capital gain
капитал вырос, увеличился (на сколько?)	capital gain grew, increased
качество	quality

высокое качество	high quality
низкое качество	low quality
кредит	credit
долгосрочный кредит	long-term credit
краткосрочный кредит	short-term credit
давать кредит (на какую сумму?)	to give credit
кредиты увеличились, выросли, уменьшились (на какую сумму?)	credits increased, grew, diminished
предоставить кредиты (кому?) (на какую сумму?)	to grant credit
круг интересов (чей?) (какой?)	sphere of interests
широкий круг интересов	broad range of interests
узкий круг интересов	narrow range of interests
купец (*pl.* купцы)	merchant
купечество	merchants (*collective n.*)
легенда	legend
живёт легенда	the legend lives
существует легенда	the legend exists
распространилась легенда	the legend spread
начать дело (когда?)(где?) (как?)	to start a business
начал дело с пятью рублями в кармане	started a business with five rubles in one's pocket
общаться (с кем?)	to associate with
общение	relations, links
основатель (чего?)	founder
основать (что?)	to found, to establish
осуществление (чего?)	realization, implementation
осуществлять/осуществить	to realize
осуществляться/осуществиться	to be realized, to come true
идеи осуществились	ideas were realized
идеям не суждено было осуществиться	ideas were not destined to be realized
отражаться/отразиться (на чём?)	to affect, to tell on
революционные события отразились на душевном состоянии Морозова	revolutionary events mentally affected Morozov
отстаивать/отстоять (что?)(кого?)	to defend/(*perf.*) to vindicate
пай (*pl.* паи)	share, stock
внести пай	to offer stock
купить, приобрести пай	to buy stock, to acquire stock
работать на равных паях	to work on equal footing
подчинённый	subordinate
подчиняться/подчиниться (кому?) (чему?)	to submit to
пользоваться (чем?)	to use

пределы, границы	boundaries, borders
границы страны	borders of a country
пределы России	boundaries of Russia
далеко за пределами (чего?)	far beyond the boundaries
прибыль	profit
прибыль составляет (какую сумму?)	profit amounts to
принимать/принять (что?)	to accept
приобретать/приобрести (что?)	to acquire, to gain
приобретение (чего?)	acquisition, acquiring
продукт	product
продукция (чего?)	production
промышленник	industrialist
промышленность	industry
пути развития (чего?)	ways of development
развивать/развить (что?)	to develop
развитие (чего?)	development
реформа	reform
реформатор	reformer
реформировать (что)	to reform, to innovate
славиться/прославиться (где?) (чем?)	to be famous for
спор	argument, debate
спорить (с кем?)	to argue with
стиль	style
установить новый стиль общения	to establish a new style of rapport, relations
стрелять/застрелить (кого?)	to shoot/(*perf.*) to shoot dead
стреляться/застрелиться	to shoot oneself/(*perf.*) to shoot oneself mortally
съезд (конгресс)	assembly
текстиль	textile
текстильная фабрика	textile factory
текстильное производство	textile production
увлекаться/увлечься (кем?)(чем?)	to be fascinated
увлечение (кем?)(чем?)	enthusiasm, passion
управление (чем?)	management, administration
управлять (чем?)(кем?)	to manage, to administer
финансист	finacier
финансирование (чего?)	financing
финансировать (кого?)(что?)	to finance
финансы	finances
хлопковый	cotton
хлопок	cotton
хлопчатобумажная фабрика	cotton factory

Lesson 3

Dialogue 1:   В номере
Александр Борисович Минаев: Так, вот ваш номер.

Мистер Смит: Прекрасно. А здесь есть телефон?

Александр Борисович Минаев: Конечно. Вот он стоит тут на маленьком столике. Сейчас посмотрим его номер. Так. Его номер 203-16-29. Я сейчас запишу его себе в записную книжку, и если вы не возражаете, позвоню вам завтра утром. А пока располагайтесь ... Когда, примерно, вам удобно, чтобы я позвонил?

Мистер Смит: О, я встаю рано. Можно звонить уже часов в 9.

Александр Борисович Минаев: Ну, что же прекрасно. Отдыхайте, а завтра я позвоню в 9 часов утра.

Мистер Смит: Александр Борисович, спасибо за всё. Я буду ждать вашего звонка завтра. Но я думаю, что мог бы немного ещё поработать сегодня вечером. Может быть у вас есть проект нашего договора об организации совместного предприятия. Я хотел бы его изучить.

Александр Борисович Минаев: Да, конечно, он у меня с собой. Я с удовольствием вам его сейчас дам. Вот он.*

Мистер Смит: Это очень интересно. Но боюсь, я не пойму все слова.

Александр Борисович Минаев: Это не страшно. Завтра мы встретимся на нашей фирме. Там вы можете встретиться с нашим переводчиком.

Мистер Смит: Я буду очень признателен вам за это.

Александр Борисович Минаев: Не стоит благодарности. Итак, до завтра?

Мистер Смит: До завтра. Жду вашего звонка.

*This agreement appears in Lesson 4.

Dialogue 2: Утром
Звонок.

Мистер Смит: Алло!

Александр Борисович Минаев: Это Александр Борисович, доброе утро, мистер Смит. Как вы себя чувствуете?

Мистер Смит: Прекрасно.

Александр Борисович Минаев: Вы уже позавтракали?

Мистер Смит: Да, я уже выпил кофе. И снова изучаю текст договора.

Александр Борисович Минаев: Всё понятно?

Мистер Смит: О, к сожалению, нет. Я изучал русский язык только два года, поэтому я много слов не понял.

Александр Борисович Минаев: Не расстраивайтесь! Наш переводчик Наталья Ивановна уже ждёт вас на нашей фирме.

Мистер Смит: Это очень хорошо. А как мне до вас доехать?

Александр Борисович Минаев: Может я заеду за вами?

Мистер Смит: Нет, нет, не стоит. Я доберусь самостоятельно. Вы только скажите адрес.

Александр Борисович Минаев: Вы записываете?

Мистер Смит: Одну минутку. Сейчас я возьму ручку. Так, я слушаю.

Александр Борисович Минаев: Наша фирма находится в центре. Метро Маяковского. Пишите?

Мистер Смит: Да, да, конечно, пишу. Метро Маяковского...

Алексанр Борисович Минаев: Улица Тверская, дом 6. Я вас буду ждать в холле.

Мистер Смит: Так, отлично. Я уже выезжаю. Думаю, что минут через 40 я уже буду у вас.

Александр Борисович Минаев: Прекрасно. Мы вас ждём. До свидания.

Мистер Смит: До встречи.

Exercise 1. Опишите номер. (Describe a hotel room.)

Exercise 2. Какой у вас номер телефона в гостинице? Прочитайте его [203-44-15; 191-25-63; 138-14-57]. (What is your telephone number at the hotel? Read it out loud.)

Exercise 3. Позвоните вашему партнёру по бизнесу (вашему другу, вашей подруге, или коллеге по работе) и договоритесь о встрече. Составьте диалог, возможный в этой ситуации. (Call your business partner [friend, or colleague] and agree on a meeting time and place.)

Effective Business Communication:
Adjectival Participles

A participle is a form of the verb frequently found in written business communication and in other written work but not that often in everyday speech.

Adjectival participles contain characteristics of both the verb and the adjective. As verbs, participles signify tense—present or past, aspect—imperfective or perfective, as well as voice—active or passive. As adjectives, participles reflect gender, number, and case. Active participles have only a long form; passive participles have both a long and a short form. The short form of passive participles will be discussed in the next lesson.

PRESENT ACTIVE ADJECTIVAL PARTICIPLES

Present active adjectival participles are formed from the third person plural present tense of imperfective verbs by deleting the final *m* and replacing it with *щ* and the adjectival endings *ий, ая, ее,* or *ие.* Preserving the imperfective aspect of their verbs, they indicate that an action is taking place. Present active adjectival participles formed from reflexive verbs always end in *ся,* never in *сь.* Tables 1 and 2 show more precisely their grammatical formation.

Table 1. Formation of Present Active Participles: Nonreflexive Verbs

Verbs	Participles	Translations
First conjugation (ющ/ящ)		
помогать	помога[-ют] + ющ + ий, ая, ее, ие помогающий	helping, that help(s)
жить	жив[-ут] + ущ + ий, ая, ее, ие живущий	living, that live(s)
создавать	созда[-ют] + ющ + ий, ая, ее, ие создающий	creating, that create(s)
действовать	действу[-ют] + ющ + ий, ая, ее, ие действующий	acting, that act(s)
Second conjugation (ящ/ащ)		
строить	сто[-ят] + ящ + ий, ая, ее, ие стоящий	building, that build(s)
принадлежать	принадлеж[-ат] + ащ + ий, ая, ее, ие принадлежащий	belonging, that belong(s)

Table 2. Formation of Present Active Participles: Reflexive Verbs

Verbs	Participles	Translations
First conjugation (ющ/ущ)		
являться	явля[-ют][-ся] + ющ + ий, ая, ее, ие + ся являющийся	being, that are/is
писаться	пиш[-ут][-ся] + ущ + ий, ая, ее, ие + ся пишущийся	being written, that are/is being written
Second conjugation (ящ/ащ)		
находиться	наход[-ят][-ся] + ящ + ий, ая, ее, ие + ся находящийся	being located, that are/is located
учиться	уч[-ат][-ся] + ащ + ий, ая, ее, ие + ся учащийся	studying, that study/studies

Pattern Sentences.

1. Законы, <u>действующие</u> в настоящее время в России, позволяют осуществить переход к рыночной экономике.
   The laws that are currently in force in Russia permit the realization of the transfer to a market economy.

2. Молодые предприниматели, <u>создающие</u> новую фирму, получили необходимый кредит в банке.
   The young entrepreneurs who are creating a new firm received the necessary credit in the bank.

3. Почти все денежные средства, <u>принадлежащие</u> фирме, используются в торговом обороте.
   Almost all the monetary means belonging to the firm are being used in the trade turnover.

4. Большую денежную сумму получили лица, <u>являющиеся</u> владельцами акций.
   Individuals who are shareholders received a large sum of money.

5. Совместные предприятия, <u>находящиеся</u> на территории России, должны подчиняться российским законам.
   Joint ventures located on Russian territory must obey Russian laws.

PAST ACTIVE ADJECTIVAL PARTICIPLES

Past active adjectival participles are formed from the third person plural past tense of imperfective or perfective verbs by replacing the *ли* with *вш* and adding the adjectival endings *ий, ая, ее,* or *ие*. They indicate that the action expressed by the participle was in progress (participles from imperfective verbs) or was completed in the past (participles from perfective verbs).

Past active participles of reflexive verbs always end in *ся*, never end in *сь*.

For certain verbs of motion and other verbs whose masculine past tense is formed without *л*, add instead *ш* and the adjectival endings *ий, ая, ее,* or *ие*. See Tables 3 and 4 on the next page for their grammatical formation.

Pattern Sentences.

1. Сотрудники, <u>подписавшие</u> контракт, должны выехать за рубеж.
   Co-workers who have signed the contract must go abroad.

2. Молодые специалисты, <u>выступившие</u> на конференции, сделали интересные сообщения.
   Young specialists who spoke at the conference made interesting announcements.

3. Лица, <u>создавшие</u> новый коммерческий банк, обладают широкими знаниями в области экономики.
   The people who created the new commercial bank possess a broad spectrum of knowledge in the field of economics.

Table 3. Formation of Past Active Participles: Nonreflexive Verbs

Verbs	Participles	Translations
читать	чита[-ли] + вш + ий, ая, ее, ие	
	читавший	that was reading
подписать	подписа[-ли] + вш + ий, ая, ее, ие	
	подписавший	that signed
готовить	готови[-ли] + вш + ий, ая, ее, ие	
	готовший	that was preparing
создать	созда[-ли] + вш + ий, ая, ее, ие	
	создавший	that created
выступить	выступи[-ли] + вш + ий, ая, ее, ие	
	выступивший	that performed
вывезти	вывез[-ли] + ш + ий, ая, ее, ие	
	вывезший	that exported
принести	принёс[-ли] + ш + ий, ая, ее, ие	
	принёсший	that brought

Exceptions to this method of formation are: прийти—пришёл, пришедший; привести—привёл, приведший; and исчезнуть—исчез, исчезнувший.

Table 4. Formation of Past Active Participles: Reflexive Verbs

Verbs	Participles	Translations
заниматься	занима[-ли][-сь] + вш + ий, ая, ее, ие + ся	
	занимавшийся	that was/were occupied with; that studied
интересоваться	интересова[-ли][-сь] + вш + ий, ая, ее, ие + ся	
	интересовавшийся	that was/were interested
садиться	сади[-ли][-сь] + вш + ий, ая, ее, ие + ся	
	садившийся	that sat down
научиться	научи[-ли][-сь] + вш + ий, ая, ее, ие + ся	
	научившийся	that learned

Active Participial Phrases

Present and past active participles specify the agent or instrument of an action. A participle and the explanatory words relating to it are called a participial phrase. Appearing after the word it modifies, a participial phrase is set off by commas as in the examples shown here.

Банк, выплачивающий (выплативший) дивиденты, обладает большими финансовыми возможностями.
The bank paying (which paid) dividends, possesses great financial possibilities.

Директор фирмы, <u>открывающий</u> (<u>открывший</u>) счёт в банке, внёс крупную сумму долларов.

The director of the company opening (who opened) an account in the bank, deposited a large sum of dollars.

PRESENT PASSIVE ADJECTIVAL PARTICIPLES

Passive participles are formed only from transitive verbs. They specify the person or thing acted upon. Present passive participles are formed from the stem of the verb in the present tense by adding to them *ем* for first conjugation verbs or *им* for second conjugation verbs, as well as the adjectival endings *ый, ая, ое,* or *ые* as shown in Table 5 below. Students should note not all imperfective transitive verbs form this type of participle.

All present passive adjectival participles express action in progress as in the pattern sentences here.

Pattern Sentences.

1. Оборудование, обновляемое в процессе производства, отвечает современным техническим требованиям.

   The equipment, being renovated during production, meets contemporary technical standards.

2. Ремонт оборудования, производимый ежегодно на фирме, требует больших материальных затрат.

   The repair of the equipment, being made yearly at the firm, requires large material outlays.

Table 5. Formation of Present Passive Participles

Verbs	Participles	Translations
First conjugation (ем)		
уважать	уважа[-ют] + ем + ый, ая, ое, ые	
	уважаемый	respected
создавать	создава[-ют] + ем + ый, ая, ое, ые	
	создаваемый	created
обновлять	обновля[-ют] + ем + ый, ая, ое ые	
	обновляемый	renovated
Second conjugation (им)		
производить	производ[-ят] + им + ый, ая, ое, ые	
	производимый	produced
видеть	вид[-ят] + им + ый, ая, ое, ые	
	видимый	seen
любить	люб[-ят] + им + ый, ая, ое, ые	
	любимый	loved

PAST PASSIVE ADJECTIVAL PARTICIPLES

Past passive adjectival participles are formed mainly from the infinitives of perfective verbs by deleting the *ть* and adding one of the following suffixes: *нн*, *енн*, or *т* and the adjectival endings *ый, ая, ое,* or *ые* . Past passive participles with the suffix *енн* or *ённ* often have consonant mutations similar to those in the first person singular in the present tense (куплю — купленный), but their stress is that of the second person singular (купишь). Note that when a participle ends in *анн +ый*, the stress shifts to the syllable preceding it (прочитать — прочитанный). Formation of these participles is rather complicated. Study the three basic methods in Table 6.

Table 6. Formation of Past Passive Participles

Verbs	Participles	Translations
Suffix нн (primarily verbs of the first conjugation)		
создать	сода[-ть] + нн + ый, ая, ое, ые	
	созданный	created
подписать	подписа[-ть] + нн + ый, ая, ое, ые	
	подписанный	signed
продать	прода[-ть] + нн + ый, ая, ое, ые	
	проданный	sold
сказать	сказа[-ть] + нн + ый, ая, ое, ые	
	сказанный	said
Suffix енн/ённ (primarily verbs of the second conjugation)*		
вывезти	вывез[-ти] + енн + ый, ая, ое, ые	
	вывезенный	exported
принести	принес[-ти] + ённ + ый, ая, ое, ые	
	принесённый	brought
Suffix т (some verbs from the first conjugation)		
открыть	откры[-ть] + т + ый, ая, ое, ые	
	открытый	opened
забыть	забы[-ть] + т + ый, ая, ое, ые	
	забытый	forgotten
занять	заня[ть] + т + ый, ая, ое, ые	
	занятый	occupied
начать	нача[ть] + т + ый, ая, ое, ые	
	начатый	begun

*The stem for participles with this suffix often is that of the first person singular: построю, построенный (built); получу, полученный (received); расположу, расположенный (stationed). Note also that when forming past passive adjectival participles from verbs whose infinitives end in итъ, consonantal mutations are possible: т > ч, встретить — встреченный; т > щ, возвратить — возвращённый; с > ш, бросить — брошенный; п > пл, купить — купленный; and в > вл, приготовить — приготовленный.

Pattern Sentences.
1. Товар, проданный на бирже, принёс предприятию большую
   прибыль.
   The commodity sold at the exchange brought the enterprise a large profit.
2. Прибыль, полученная от продажи товаров, была использована в
   благотворительных целях.
   The profit received from the sale of the goods was used for charitable
   purposes.
3. Выставка медицинского оборудования, отрытая в Москве,
   привлекла внимание инженеров и медиков.
   The exhibit of medical equipment opened in Moscow attracted the
   attention of engineers and physicians.

Passive Participial Phrases

Only present and past active participles may form active participial
phrases; passive participial phrases are formed from present and past passive
participles. When an active construction is to be expressed as a passive one,
the direct object of the active construction becomes the subject in the
nominative case of the passive one. The subject of the active construction is
expressed in the instrumental case in the passive one as shown here.

Pattern Sentences.

Active phrases

1. **Руководитель** предприятия,
   покупающий современное
   оборудование, ознакомился с
   его техническими данными.

   The director of the enterprise,
   who is buying modern equipment,
   acquainted himself with its
   technical information.

2. **Фирма,** *реализовавшая новый*
   проект, расширит свою
   коммерческую деятельность.
   The firm that implemented the new
   project will broaden its commercial
   activity.

3. **Предприниматель,** *вложивший*
   крупную сумму в дело, хочет
   расширить сферу своей
   деятельности.

Passive phrases

1. Современное оборудование,
   покупаемое **руководителем**
   предприятия, обладает
   необходимыми техническими
   данными.
   Modern equipment bought by
   the director of the enterprise has
   essential technical information.

2. Новый проект, *реализованный*
   фирмой, принёс значитель-
   ую прибыль.
   The new project implemented
   by the firm brought a significant return.

3. Крупная сумма, *вложенная*
   в дело **предпринимматлем,**
   позволяет расширить сферу
   деятельности.

The entrepreneur who invested a large sum in the business wants to expand the sphere of his activity.

The large sum invested in the business by the enterpreneur allows expansion of the sphere of activity.

4. **Брокеры,** *купившие весь товар,* совершили выгодную сделку.
The brokers who bought all the goods completed a profitable transaction.

4. Весь товар, *купленный* ***брокерами,*** обладает высоким качеством.
All the goods bought by the brokers are of high quality.

READING 1: ДЕЛОВАЯ ЖЕНЩИНА

Фирма "Юритьюстайто" известна многим бизнесменам не только в Финляндии, но и в других странах. Это крупное экспертное и консультационное бюро.

Директор этой фирмы Иоуко Ниссинен, а ректором Института, созданного внутри фирмы, является его жена—Ирья Ниссинен.

Институт—это учебный центр, в котором по заявкам предприятий готовятся внутренние консультанты и менеджеры. На каждом предприятии есть свои проблемы, требующие быстрого решения. Эти проблемы должны разрешать внутренние консультанты и менеджеры, знающие все тонкости в работе своего предприятия.

Кроме подготовки внутренних консультантов, институт, возглавляемый Ирьей Ниссинен, готовит специальные программы, помогающие людям, работающим в напряженной обстановке, справиться с психологическими стрессами.

А в настоящее время Ирья Ниссинен начала создавать в Финляндии специальную школу бизнеса для женщин, желающих работать в этой области. Она считает, что "женский бизнес," отличающийся от мужского, требует специального изучения. Различия между "мужским" и "женским" бизнесом связаны с различием в мужском и женском характерах, в мужской и женской психологии, объясняет Ирья Ниссенен. Например, мужчины, решающие глобальные проблемы, оперируют крупными категориями, а женщины, разделяющие проблемы на "блоки," решают их не сразу, а последовательно, по частям.

Ирья Ниссинен любит свою работу и уделяет ей много времени. Не только в стенах института, но и дома, вместе с мужем, она обсуждает волнующие её вопросы, советуется, тщательно обдумывает возникшие проблемы.

Но в свободное от работы время эта деловая женщина совершает пешком длительные прогулки, занимается рукоделием, слушает

джазовую музыку, сама поёт народные песни.   А во время летних
каникул она путешествует, знакомится с новыми людьми, городами и
странами.

Ирья Ниссинен говорит, что в современном мире все женщины,
работающие и имеющие семью, должны быть собранными,
умеющими планировать свой бюджет, умеющими находить время для
воспитания детей и для себя лично.   Эти новые деловые женщины
умеют самостоятельно принимать решения, выдвигать новые идеи,
бороться за их осуществление и, вообще, быть лидером.

Assignment 1.   Answer these questions on the text.

1. Где живёт и работает Ирья Ниссинен?
2. Кем она работает?
3. Какие задачи ставит институт, возглавляемый Ирьей Ниссинен?
4. Какую школу хочет создать Ирья Ниссинен?
5. Какие требования предъявляет Ирья Ниссинен к современной
   женщине?
6. Как строит свою жизнь сама Ирья Ниссинен?
7. Что вы думаете о проблемах, стоящих перед современной
   женщиной?

Assignment 2.   List the participles in the text and write out the verbs from
which they have been formed.   Then determine their tense and voice.

Assignment 3.   Underline the participial phrases and the words that they modify in the text.   Then circle isolated participial modifiers.

Assignment 4.   Replace the participial phrases by complex sentences.

Assignment 5.   Using participles in the text, create six sentences with
participial phrases.

Assignment 6.   Select the appropriate active or passive participle to
complete each sentence below and make this participle agree in number,
gender, and case with the word its modifies.

1. решающий, решаемый
   a. Проблемы, _____ Ирьей Ниссинен, представляют
      большой интерес.
   b. Ирья Ниссицен, _____ важные проблемы, живёт и
      работает в Финляндии.

2. создающий, созданный
   a. Институт, _____ специальные программы, помогает
   многим людям.
   b. Программы, _____ институтом, по-новому решают
   многие вопросы.
3. возглавляющий, возглавляемый
   a. Институт, _____ Иьей Ниссинен, известен во многих
   странах.
   b. Ирья Ниссинен, _____ институт, является
   современной деловой женщиной.

READING 2:
БОСТОНСКАЯ КОМПЬЮТЕРНАЯ БИРЖА

"Бостонская компьютерная биржа"—так называется фирма, занимающаяся продажей подержанных компьютеров. Глава этой фирмы—Алекс Рэндалл. Интересно, что в мире, насыщенном самой современной техникой, эта фирма преуспевает. Алексу Рэндаллу удалось сделать свой бизнес благодаря новой системе торговли.

В своей книге "Использованные компьютеры" Рэндалл пишет: "Сейчас большему числу людей нужны компьютеры для личного пользования, чем раньше. В то время у отдельных людей и компаний есть устаревшие персональные компьютеры, которые они хотят продать."

И вот, "все эти проблемы решает вторичный комьютерный рынок" с помощью фирмы Рэндалла. Созданная Рэндаллом картотека состоит из множества карточек с адресами лиц, желающих продать свои устаревшие компьютеры, и с адресами лиц, желающих купить такой компьютер по доступной цене.

До Рэндалла многие фирмы занимались продажей подержанных компьютеров. Старые подержанные компьютеры заполняли склады этих фирм. Но Бостонская фирма Рэндалла не имеет складов, не имеет транспорта и, таким образом, не несёт никаких накладных расходов. Основное в работе фирмы—это сбор и использование информации. Фирма Рэндалла сводит продавцов и покупателей старых компьютеров. Электронная система управления торговлей используется фирмой, усложняется по мере необходимости с каждым днём. Кроме того, фирма предусматривает интересы обеих строн в этой торговой операции.

Фирма берёт деньги у покупателя и помещает их на условный счёт. Затем продавец посылает свой компьютер покупателю.

48 часов может использовать покупатель на проверку покупаемого им компьютера. Через 48 часов, если нет притензий с обеих сторон, фирма посылает продавцу чек на условленную сумму. Из этой

суммы вычитаются комиссионные, т.е. деньги за работу, выполнен-
ную фирмой. Во многих странах у Рэндалла уже есть последователи.

Assignment 7. Answer these questions on the text.

1. Чем занимается фирма Рэндалла?
2. Что представляет собой картотека фирмы?
3. Что внесла нового фирма в свою работу?
4. Что является основным в работе фирмы?
5. Как фирма предусматривает интересы продавца и покупателя?
6. Из какой суммы вычитаются комиссионные?
7. Есть ли последователи в работе у Рэндалла?

Assignment 8. List the participles found in the text and the verbs from
which they have been formed. Form from these verbs all possible
participles.

Assignment 9. Compose sentences with the following participles.

использованный, использовавший, использующий, используемый;
продающий, продававший, продавший, проданный; получающий,
получавший, получаемый, полученный; покупающий, покупавший,
покупаемый, купленный; проверяющий, проверявший, проверяемый,
проверенный.

Assignment 10. Insert in the blanks the correct form of these participial
phrases,"продающий подержанные компьютеры," or "покупающий
компьютер."

1. Фирма, _____, работает
   в Бостоне.
2. Главой фирмы, _____, является
   Алекс Рэндалл.
3. Основное в работе фирмы, _____, сбор
   и использование информации.
4. Покупателю, _____, посылается
   данный компьютер для проверки.
5. Покупатель, _____, проверяет его
   работу в течение 48 часов.
6. О покупателе, _____, сообщают
   продавцу компьютера.
7. С покупателем, _____, связывают
   продавца, продающего компьютера.

Assignment 11. Complete these sentences according to the example.

Example: Продавец, продавший подержанный компьютер....
Продавец, продавший подержанный компьютер, получил со счёта деньги.
1. Бостонская фирма Рэнделла, не имеющая складов и транспорта, ...
2. Фирма, предусматривающая интересы обеих сторон, ...
3. Покупатель, получивший подержанный компьютер, ...
4. Подержанный компьютер, посланный покупателю, ...
5. Деньги, положенные на условный счёт, ...

HUMOR: "А ВЫ НЕ ТАК ГЛУПЫ"

В почтовое отделение одного итальянского города пришло письмо, адресованное "самому глупому адвокату города." Долго его никто не решался брать. Наконец, один из адвокатов решился распечатать письмо. В конверте он нашёл чек на крупную сумму и записку: "А вы не так глупы, как думаете."

PROVERBS AND SAYINGS

Это влетит тебе в копеечку.
It will cost you a pretty penny.

В тесноте, да не в обиде.
Crowded, but not in disagreement.

Деньги счёт любят.
Money loves to be counted.

Деньги дело наживное.
It's only money.

В чужой монастырь со своим уставом не ходят.
When in Rome, do like the Romans.

WORDS AND EXPRESSIONS IN THE TEXTS

блок (часть)	divided bloc, share
бороться (за что?)(с чем?)(с кем?)	to fight
борьба	fight, struggle
внутренний	internal, interior
внутри	inside

возглавлять/возглавить (что?)	to lead, to be the head of
волнение	excitement, agitation
волновать (кого?)	to excite
волноваться (из-за чего?)(из-за кого?)	to be agitated, to worry
вторичный рынок	secondary market
вычитать/вычесть (что?)(у кого?)	to keep back, to deduct
вычесть деньги	to deduct money
глава фирмы	head of the firm
глобальные проблемы	global problems
доступ (чему?)	access, admission, admittance
доступная цена	moderate price, reasonable price
желание (чего?)	wish
желать (что?)(что делать?)	to wish
заполнение (чего?)	filling in
заполнять/заполнить	to fill in
заявка	claim, demand
заявление	announcement
заявлять/заявить	to announce
идеи	ideas
выдвигать идеи	advance ideas
интересы	advantage
интересы обеих сторон	advantage of both sides
интересы одной стороны	advantage of one side
использовать (что?)	to make good use
консультант	consultant
консультационное бюро	consulting bureau
консультация	consultation
консультировать (кого?)	to consult
накладные расходы	overhead expenses
напряжение	tension
напряжённая обстановка	tense environment
насыщать/насытить (кого?)(что?)(чем?)	to saturate, to satiate
насыщение (кого?)(чего?)	saturation, satiety
необходимость	necessity
по мере необходимости	perforce, a measure of necessity
оперировать (чем?)	to operate, to use, to handle
оперировать крупными категориями	to operate with significantly large categories
осуществление (чего?)	realization, outcome, accomplishment
отличаться/отличиться (от кого?) (от чего?)(чем?)	to differ, to distinguish

отличие (чего?) (от чего?)(в чём?)	difference
персона	person, personality
персональный	personal
подержанный	second-hand, formerly used
покупать/купить (что?)(где?)(у кого?) (для кого?)	to buy
пользованние	use
для личного пользования	for personal use
пользоваться (чем?)	to use
помещать/поместить (что?)(куда?)	to put, to lodge
помещать деньги на условный счёт	to invest or place money in a conditional account
последователь (в чём?)	follower
последовательно	consequently
последовательный	successive, consecutive
последовать (кому?)(в чём?)	to follow
предусматривать/предусмотреть (что?)	to foresee, to predict
претензия	claim
иметь претензии	to lay claims, to make claims
преуспевающий человек (в чём?)	successful, prosperous person
принимать решение самостоятельно	to make an independent decision
продавать/продать (что?)(кому?)	to sell
продавец, продавщица	salesman, saleswoman
продажа (чего?)	sale
разделять/разделить (что?) (на что?)	to divide, to separate, to share
склад (чего?)	warehouse, storage
складывать/сложить (что?)(куда?)	to stack, to heap, to put
сложный	complicated, complex
совершать прогулки	to take walks
современность	modernity
современный мир	contemporary world
создавать/создать (что?)	to create, to establish
создание (чего?)	creation
создатель	creator, founder
справиться (с чем?)	to cope, to manage, to deal
справиться с психологическим стрессом	to cope with psychological stress
тонкий	thin, delicate, subtle
тонко	subtly, thinly, delicately
тонкость	thinness, fineness, subtlety
тонкости в работе	subtleties of work
торговать (чем?)(с кем?)	to trade

торговаться (с кем?)	to be trading, bargaining
торговец	trader, merchant
торговля	trade
транспорт	transport
транспортировать (что?)(куда?)	to ship, to transport
транспортировка (чего?)	transportation
уделять/уделить (что?)(кому?)(чему?)	to give, to devote
уделять внимание (кому?)(чему?)	to give attention, to pay attention
условие	condition, clause
условиться (с кем?)(о чём?)	to agree, to settle
условный	conditional
усложнение (чего?)	complication
усложнять/усложнить (что?)	to complicate
успех	success
достигший успеха	having attained success
успешный	successful
устаревать/устареть	to age, to become obsolete, to become out-of-date
эксперт	expert
экспертиза	expertise
экспертное бюро	expert bureau

Lesson 4

In this lesson, the more difficult terms and expressions of the contract agreement for establishing the joint venture are explained by the Russian contact's translator. Study these so that you can fill out similar agreements that you might make with a Russian partner.

Мистер Смит легко нашёл фирму своего русского компаньона, Александра Борисовича Минаева, но он беспокоится потому, что он не понимает весь контракт, который русский партнёр ожидает, что он подпишет.

Dialogue 1: На фирме

Александр Борисович Минаев: Рад вас видеть, мистер Смит. Как вы добрались?

Мистер Смит: О, всё в порядке. Но я немного задержался, так как рассматривал ваши станции в метро. У вас отличное метро!

Александр Борисович Минаев: Спасибо. Я тоже люблю наше московское метро. А вот и переводчик. Позвольте представить вам, Наталья Ивановна, нашего компаньона из Америки мистера Смита.

Наталья Ивановна Ильина: Очень рада, мистер Смит. Чем могу быть полезна?

Мистер Смит: Вы, знаете, Наталья Ивановна, я начал изучать наш договор о будущей совместной деятельности и оказалось, что я очень много слов не знаю...

Наталья Ивановна Ильина: Не расстраивайтесь. Сейчас мы их переведём. У вас с собой текст договора?

Мистер Смит: Нет, у меня только бланк договора, может сам текст есть у Александра Борисовича?

Александр Борисович Минаев: Да, примерный текст у меня. Мы можем все вместе пойти в мой кабинет и начать работать над нашим договором.

Мистер Смит: С удовольствием. Я готов.

Александр Борисович Минаев: Тогда пойдёмте.

Dialogue 2: В кабинете

Александр Борисович Минаев: Проходите. Садитесь пожалуйста. Вот примерный текст договора.

Мистер Смит: Да, да спасибо. Сейчас я достану бланк договора, который я уже смотрел.

Наталья Ивановна Ильина: Итак, мистер Смит, какие трудности?

Мистер Смит: Сейчас одну минутку. Позвольте я надену очки. Вот, в статье первой, мне не совсем понятно выражение "участники предприятия <u>учреждают</u>"...

Наталья Ивановна Ильина: Это *parties of the Enterprise establish.*

Мистер Смит: Отлично. Можно сказать "создают"?

Наталья Ивановна Ильина: В принципе да, но в договоре принято употреблять глагол "учреждать."

Мистер Смит: Понятно. Теперь Статья 2. Здесь меня интересует выражение: "ввод в эксплуатацию."

Наталья Ивановна Ильина: "Ввод в эксплуатацию"—это *commissioning, putting into operation.*

Мистер Смит: Так, теперь, если можно, перейдём к Статье 3. Для меня она оказалась весьма сложной.

Наталья Ивановна Ильина: Ничего. Давайте я вам переведу основные термины.

Заключать договоры (контракты)—*to conclude an agreement.*

Приобретать имущественные права—*to acquire property rights.*

Личные неимущественные права—*personal or private nonproperty rights.*

Нести обязанности—*to incur or assume liabilities.*

Быть истцом в суде—*to be the claimant or plaintiff in court.*

Быть ответчиком в арбитраже или в третейском суде—*to be the respondent or the defendant in arbitrage or arbitration.*

Приобретать права юридического лица—*to acquire the rights of a legal entity.*

В момент вступления в силу настоящего договора—*the instant the present agreement takes effect.*

С момента регистрации договора—*from the time of the registration of the agreement.*

И, конечно, "Устав предприятия"—*charter of the Enterprise.* Кстати, я думаю, что вы тоже будете его обсуждать.

Мистер Смит: Большое спасибо. Теперь я всё понимаю. А вот в Статье 4. я почти всё понял. Я хочу только уточнить некоторые выражения, такие, как "создавать филиалы и представительства."

Наталья Ивановна Ильина: Это *to establish branches or affiliates and agencies.*

Мистер Смит: Да, конечно. "Представительства действуют на основе положений о них." Это можно перевести, как *agencies act according*

to the provisions concerning them.
Наталья Ивановна Ильина: Да, совершенно верно.
Мистер Смит: Тогда переходим к следующей статье. Можно попросить вас перевести следующее выражение: "вклад," "взнос," "уставной фонд," "доля участников предприятия."
Наталья Ивановна Ильина: Это *deposit or contribution, fee or payment, authorized capital,* и *allotments of the parties of the Enterprise.*
Мистер Смит: Отлично. А вот тут. То, что написано мелким шрифтом. "Здания, сооружения, оборудование и другие материальные ценности," и "права пользования землёй, водой и другими природными ресурсами."
Наталья Ивановна Ильина: Это *buildings, installations, equipment, and other material assets,* и *the right to use land, water, and other natural resources.* Теперь можно переходить к Статье 6.?
Мистер Смит: Да. конечно. Хорошо, что она небольшая. Может, одновременно рассмотрим и статью 7.
Наталья Ивановна Ильина: Давайте попробуем. Ваши вопросы?
Мистер Смит: "Убытки?"
Наталья Ивановна Ильина: О, это то, чего я вам не желаю. Это *losses.*
Мистер Смит: Что поделаешь, как у вас говорят: "От риска никто не застрахован."
Наталья Ивановна Ильина: Увы, вы правы. А как остальные слова? Всё понятно?
"Резервный фонд"—это *reserve fund.*
"Допольнительные целевые взносы"—это *additional earmarked fees or payments.*
И вот ещё в Статье 7. "высший, исполнительный, контрольный органы"— это *supreme executive control agencies or bodies.*
Мистер Смит: Да, это мне понятно. Теперь, если вы ещё не очень устали, посмотрим Статью 8. Здесь, пожалуй, я хотел бы уточнить только одно выражение: "правомочен принимать решения," можно сказать: "имеет право принимать решения," то есть, *authorized to make decisions?*
Наталья Ивановна Ильина: Да, вы совершенно правы. Это так и переводится.
Мистер Смит: В Статье 9. я бы хотел, чтобы вы перевели мне такое предложение, как "осуществлять руководство текущей деятельностью."
Наталья Ивановна Ильина: Это означает: *to manage current activites.*
Мистер Смит: То есть, "руководить." А вот, что значит: "руководить

на основе единогласия?"

Наталья Ивановна Ильина: Я думаю, что это можно перевести, как *to manage on the basis of unanimous consent.*

Мистер Смит: Спасибо. Это интересное положение. Мне в дальнейшем хотелось бы его обсудить и, конечно, необходимо будет ознакомиться с Уставом и Решениями Совета Правления.

Наталья Ивановна Ильина: Господин Смит, а не выпить ли нам с вами кофе? А потом продолжим разбор вашего документа.

Мистер Смит: О, конечно, с удовольствием.

Секретарша подаёт кофе.

Наталья Ивановна Ильина: А теперь посмотрим следующие статьи. Какие трудности?

Мистер Смит: Сейчас, одну минутку. Кажется, в Статье 10. и 11. всё ясно. А вот в Статье 12. я затрудняюсь точно перевести "материально техническое снабжение."

Наталья Ивановна Ильина: Это *material and technical supplies.* А вот Статья 13. мистер Смит, рассматривает то, что обязательно, то, что я уверена, скоро будет у вас. Это "прибыль"—*profit.*

Мистер Смит: О, будем надеяться.

Наталья Ивановна Ильина: Я думаю, необходимо ещё хорошо понимать следующие выражения:

"государственный бюджет"—*government budget,*

"создание и пополнение фондов"—*creation and replenishment of funds,*

"переводные рубли" —*transferable rubles,*

"национальная валюта"—*local currency,*

"свободно конвертируемая валюта" (СКВ)—*hard currency,*

"выручка предприятия"—*earnings of the enterprise* и ещё один глагол "распределяться"—*to be distributed.*

Мистер Смит: Спасибо. Кажется, в этой Статье всё понятно. А вот в Статье 14. мне бы хотелось уточнить выражение: "продукция предприятия предназначается."

Наталья Ивановна Ильина: Это *the enterprise's production is allocated.* Теперь всё ясно в Статье 14.?

Мистер Смит: Нет, кажется ещё не совсем понятно "покрытие потребностей предприятия."

Наталья Ивановна Ильина: Это *covering the enterprise's needs.* Теперь Статья 15.?

Мистер Смит: Я думаю, что я всё понял. Пожалуй, вот в Статье 16. я хотел бы уточнить, правильно ли я понимаю "заключить

коллективный договор с действующей коллективной организацией."
Это *to conclude a collective agreement with the actual bargaining
organization.*
Наталья Ивановна Ильина: Вы прекрасно перевели. Давайте
посмотрим последнюю Статью 17.
"настоящий договор вступает в силу с даты его подписания"—*the
current agreement takes effect from the date of its signing,*
"настоящий договор может быть изменён и дополнен"—*the current
agreement may be revised and amended.*
Мистер Смит: Прекрасно. Теперь я очень хорошо всё понимаю.
Сейчас, наверное, мне надо встретиться с вашим генеральным
директором, чтобы подписать договор. Кажется, Александр
Борисович, вы говорили, что уже готов примерный текст договора?
Александр Борисович Минаев: Да, конечно.
Мистер Смит: Наталья Ивановна, позвольте поблагодарить вас за
помощь. Я вам очень признателен.
Наталья Ивановна Ильина: Ну что вы, мистер Смит, была рада быть
вам полезной. Желаю успехов.

Через несколько дней Договор о создании совместного предприятия
был подписан.

Exercise 1. Представьтесь пожалуйста. Расскажите немного о себе.
Чем вы занимаетесь в Америке? Что вы собираетесь делать в России?
Чем вы интересуетесь? С кем бы вы хотели встретиться? Что бы вы
хотели посмотреть в Москве? В каких городах России вы бы хотели
ещё побывать? (Introduce yourself. Tell a little about yourself. What do
you do in America? What are you planning to do in Russia? What interests
you? With whom would you like to meet? What would you like to see in
Moscow? What other cities would you like to visit?)

Exercise 2. Выразите удовлетворение, радость по поводу подписания
договора. (Express satisfaction or joy on the occasion of the signing of the
agreement.)

Assignment 1. Study the text of the agreement and then fill out in Russian a
similar agreement for the creation of your own joint venture in Russia.

ПРИМЕРНЫЙ ДОГОВОР
О СОЗДАНИИ И ДЕЯТЕЛЬНОСТИ В РФ
СОВМЕСТНОГО ПРЕДПРИЯТИЯ

Акционерное общество закрытого типа "Прогресс" в лице
(указывается наименование)
Генерального Директора Купина Н.П., действующего на основе Устава
(указывается наименование организации)
и *американской фирмы "Техтран" в лице президента фирмы Роберт Смит*
(указывается наименование фирмы соответствующей страны)
именуемые в дальнейшем «Участники Предприятия» договорились о нижеследующем.

Статья 1

Участники Предприятия учреждают ___*в г. Москве, в РФ*___
совместное предприятие _____*ИМЭКС*_____, именуемое в
(указывается наименование)
дальнейшем «Предприятие».

Место нахождения Предприятия — *РФ г. Москва Большая Ордынка д.12*
(указывается город, страна места
нахождения)

Статья 2

Предприятие создается для ___*производства товаров народного потребления*___
(указывается предмет деятельности)
Участники Предприятия обеспечат в течение ___*4 лет*___
(указывается период)
создание *производственных, торговых* объектов Предприятия и их ввод
(производственных и иных)
в эксплуатацию _____*к декабрю*_____
(указываются этапы ввдода)

Статья 3

Предприятие является юридическим лицом по законодательству
___*Российской Федерации*___
(указывается страна места нахождения Предприятия)
Оно вправе от своего имени заключать договоры (контракты), приобретать
имущественные и личные неимущественные права и нести обязанности,
быть истцом и ответчиком в суде, арбитраже и третейском суде.

Предприятие приобретает права юридического лица с ___*момента*___
___*регистрации*___
(указывается точная дата; если дата не определена,— «с момента
вступления в силу настоящего Договора»; если по законодательству страны
места нахождения Предприятия требуется регистрация, — «с момента
регистрации»)

Предприятие руководствуется в своей деятельности, если иное не установлено межгосударственными или межправительственными договорами стран Участников Предприятия, законодательством
Российской Федерации
(указывается страна места нахождения)
а также настоящим Договором и Уставом Предприятия, являющимися неотъемлемой частью настоящего Договора.

Статья 4

Предприятие может создавать филиалы и представительства на территории стран Участников Предприятия, а также на территории третьих стран.

Филиалы и представительства действуют на основе положений о них. Положения о филиалах и представительствах, созданных на территории стран участников, принимаются в порядке, установленном в Уставе.

В Положении о филиале должно быть указано, является ли филиал юридическим лицом.

Представительства Предприятия не являются юридическими лицами и действуют от его имени.

Филиалы Предприятия, являющиеся юридическими лицами, не отвечают по обязательствам Предприятия, а Предприятие не отвечает по обязательствам этих филиалов.

Статья 5

Для обеспечения деятельности Предприятия за счет вкладов (взносов) участников образуется уставный фонд в размере
x рублей
(указывается в национальной валюте и переводных рублях)
В образовании уставного фонда участвуют:
от *АОЗТ "Прогресс"*   *x рублей*   *50%*
(указывается участник[и] и его [их] доля [доли]   в уставном фонде)
от фирмы *"Техтран"*   *x рублей*   *50%*
(указывается участник[и] и его [их] доля [доли]   в уставном фонде)
Участник(и) от   *РФ*   и в счет своей доли (долей) внесет(ут)
арендную плату за пользование нежилыми помещениями площадью
(здания, сооружения, оборудование и другие материальные ценности права
200 м² по адресу Большая Ордынка дом 12, в размере 50 тысяч в год
пользования землей, водой и другими природными ресурсами, зданиями,
за 3 года
сооружениями, оборудованием, иные имущественные права [в том числе на использование объектов промышленной собственности, «ноу-хау»], денежные средства в валюте стран участников, в переводных рублях и свободно конвертируемой валюте)
Участник(и) от *С. Ш. А.* в счет своей доли (долей) внесет(ут) *вклад*
в виде "ноу-хау" техническое оснащение оценённого участниками
в размере x рублей

Вклады (взносы) в уставный фонд Предприятия вносятся *в виде аренды* *с момента регистрации в "ноу-хау" в теч. 1 месяца перечисляется* *на счёт СП "ИМЭКС"*
(указываются порядок и сроки внесения)
Оценка материальных ценностей вносимых участниками в счет их вкладов, производится по внешнеторговым ценам. При отсутствии таких цен стоимость вносимого имущества определяется по согласованию между участниками.

Изменение размера уставного фонда осуществляется *на основания* *участников предприятия*
(по согласованию между Участниками Предприятия или по решению вышего органа Предприятия за счет прибыли от хозяйственной деятельности Предприятия, а при необходимости за счет дополнительных вкладов его участников пропорционально их долям в уставном фонде)

Статья 6

Убытки, которые могут возникнуть в ходе деятельности Предприятия, покрываются *за счёт дополнительных целевых взносов*
(за счет резервного фонда; за счет резервного и других фондов; за счет дополнительных целевых взносов участников в части, не покрытой за счет имеющихся фондов)

Статья 7

На Предприятии создаются высший, исполнительный и контрольный органы. По решению высшего органа могут созданы и другие органы Предприятия.

Статья 8

Высшим органом Предприятия является Совет (Правление), состоящий (ее) из лиц, назначаемых участниками Предприятия.

Совет (Правление) правомочен(но) принимать решения по любым вопросам деятельности Предприятия.

Количество голосов каждого из участников в Совете (Правлении) определяется в соответствии с размером его вклада в уставный фонд.

Участник(и) из РФ имеет(ют) __4__ голосов, в том
(указывается количество)
числе __*(акции по х рублей каждая)*__ .
(указывается количество голосов каждого участника)

Участник(и) из *С.Ш.А.* имеет(ют) __4__ голосов, в том
числе __*(акции по х рублей каждая)*__ .
(указывается количество голосов каждого участника)

Статья 9

Исполнительным органом Предприятия является Генеральный директор, назначаемый Советом (Правлением).

Генеральный директор осуществляет руководство текущей деятельностью предприятия на основе единоначалия в рамках компетенции и прав, определенных Уставом и решениями Совета (Правления).

Статья 10

Контроль за финансовой и хозяйственной деятельностью Предприятия и его филиалов осуществляет Ревизионная комиссия, назначаемая Советом (Правлением).

Статья 11

Предприятие осуществляет свою деятельность на основе разрабатываемых и утверждаемых им текущих и перспективных планов.

Статья 12

Материально-техническое снабжение Предприятия и его филиалов, являющихся юридическими лицами, и реализация его продукции осуществляются _через Российскую товарно-сырьевую биржу_

(указывается согласованный Участниками Предприятия

Оргтехника для нужд СП "ИМЭКС" поставляется из С.Ш. А.

порядок материально-технического снабжения и реализации продукции

Предприятия, предусмотренный национальным законодательством страны

места нахождения Предприятия. Может быть предусмотрено материально-

техническое снабжение Предприятия из страны другого участника Предприятия.)

Статья 13

Прибыль Предприятия за вычетом сумм по взаимоотношениям с государственным бюджетом _РФ_

(указывается страна места нахождения)

и сумм, направляемых на создание и пополнение фондов Предприятия, распределяется между его участниками пропорционально их вкладам в уставный фонд Предприятия.

По решению Совета (Правления) в той же пропорции и за соответствую-
щее возмещение _в СКВ_

(в переводных рублях, в национальной валюте страны

_____ может распределяться также выручка Предприятия в

места нахождения)

свободно конвертуемой валюте, превышающая потребности Предприятия.

Статья 14

Продукция Предприятия предназначается в первую очередь для удовлетворения потребностей стран Участников Предприятия и на покрытие потребностей Предприятия в свободно конвертируемой валюте.

Продукция Предприятия распределяется между странами Участниками Предприятия в соответствии с решением Совета (Правления) _____

пропорционально внесённым вкладам в Уставной фонд

(пропорционально внесенным вкладам; по иному принципу, определенному

Участниками Предприятия)

Статья 15

Финансовая деятельность предприятия осуществляется на основе финансовых планов, являющихся частью планов его хозяйственной деятельности.

Статья 16

Администрация Предприятия обязана заключить коллективный договор с действующей на нем профсоюзной организацией. Содержание этого договора, включая положения о социальном развитии трудого коллектива, определяется соответствующим законодательством

РФ

(указывается страна места нахождения Предприятия)

а также особенностями деятельности Предприятия.

Статья 17

Настоящий Договор вступает в силу с даты его подписания.

Настоящий Договор может быть изменен и дополнен по соглашению Участников Предприятия.

Совершено   "20"   июня   199 6 г в г Москве
в двух подлинных экземплярах, каждый на русском и английском
языках, причем оба текста имеют одинаковую силу.

Адреса Сторон:

За

Акционерное общество
закрытого типа
"Прогресс"
112424 РФ
г. Москва
ул. Большая Ордынка
д. 12
p/c No. 612613
в Коммерческом банке
"Московия"

Фирма "Техтран"
102 Broadway
New York, NY 10021
U.S.A.
p/c No. 612615
в Коммерческом банке
"Московия"

ПРИМЕРНЫЙ ДОГОВОР
О СОЗДАНИИ И ДЕЯТЕЛЬНОСТИ
СОВМЕСТНОГО ПРЕДПРИЯТИЯ

_____

(указывается наименование)

_____

(указывается наименование организации)

и _____

(указывается наименование фирмы соответствующей страны)
именуемые в дальнейшем «Участники Предприятия» договорились о нижеследующем.

Статья 1

Участники Предприятия учреждают _____

совместное предприятие _____, именуемое в

(указывается наименование)

дальнейшем «Предприятие».

Место нахождения Предприятия — _____

(указывается город, страна места

нахождения)

Статья 2

Предприятие создается для _____

(указывается предмет деятельности)

Участники Предприятия обеспечат в течение _____

(указывается период)

создание _____ объектов Предприятия и их ввод

(производственных и иных)

в эксплуатацию _____

(указываются этапы ввдода)

Статья 3

Предприятие является юридическим лицом по законодательству

_____

(указывается страна места нахождения Предприятия)
Оно вправе от своего имени заключать договоры (контракты), приобретать
имущественные и личные неимущественные права и нести обязанности,
быть истцом и ответчиком в суде, арбитраже и третейском суде.

Предприятие приобретает права юридического лица с _____

_____

(указывается точная дата; если дата не определена,— «с момента
вступления в силу настоящего Договора»; если по законодательству страны
места нахождения Предприятия требуется регистрация, — «с момента
регистрации»)

Предприятие руководствуется в своей деятельности, если иное не установлено межгосударственными или межправительственными договорами стран Участников Предприятия, законодательством _____

_____
(указывается страна места нахождения)

а также настоящим Договором и Уставом Предприятия, являющимися неотъемлемой частью настоящего Договора.

Статья 4

Предприятие может создавать филиалы и представительства на территории стран Участников Предприятия, а также на территории третьих стран.

Филиалы и представительства действуют на основе положений о них. Положения о филиалах и представительствах, созданных на территории стран участников, принимаются в порядке, установленном в Уставе.

В Положении о филиале должно быть указано, является ли филиал юридическим лицом.

Представительства Предприятия не являются юридическими лицами и действуют от его имени.

Филиалы Предприятия, являющиеся юридическими лицами, не отвечают по обязательствам Предприятия, а Предприятие не отвечает по обязательствам этих филиалов.

Статья 5

Для обеспечения деятельности Предприятия за счет вкладов (взносов) участников образуется уставный фонд в размере _____

_____
(указывается в национальной валюте и переводных рублях)

В образовании уставного фонда участвуют:

от _____ _____
(указывается участник[и] и его [их] доля [доли]   в уставном фонде)

от _____ _____
(указывается участник[и] и его [их] доля [доли]   в уставном фонде)

Участник(и) от   и в счет своей доли (долей) внесет(ут) _____

_____
(здания, сооружения, оборудование и другие материальные ценности права

_____
пользования землей, водой и другими природными ресурсами, зданиями,

_____
сооружениями, оборудованием, иные имущественные права [в том числе на

_____
использование объектов промышленной собственности, «ноу-хау»], денеж-

_____
ные средства в валюте стран участников, в переводных рублях и свободно конвертуемой валюте)

Участник(и) от _____ в счет своей доли (долей) внесет(ут) _____

_____

Вклады (взносы) в уставный фонд Предприятия вносятся _____

_____

(указываются порядок и сроки внесения)

Оценка материальных ценностей вносимых участниками в счет их вкладов, производится по внешнеторговым ценам. При отсутствии таких цен стоимость вносимого имущества определяется по согласованию между участниками.

Изменение размера уставного фонда осуществляется _____

_____

(по согласованию между Участниками Предприятия или по решению высшего органа Предприятия за счет прибыли от хозяйственной деятельности Предприятия, а при необходимости за счет дополнительных вкладов его участников пропорционально их долям в уставном фонде)

Статья 6

Убытки, которые могут возникнуть в ходе деятельности Предприятия, покрываются _____

_____

(за счет резервного фонда; за счет резервного и других фондов; за счет дополнительных целевых взносов участников в части, не покрытой за счет имеющихся фондов)

Статья 7

На Предприятии создаются высший, исполнительный и контрольный органы. По решению высшего органа могут созданы и другие органы Предприятия.

Статья 8

Высшим органом Предприятия является Совет (Правление), состоящий (ее) из лиц, назначаемых участниками Предприятия.

Совет (Правление) правомочен(но) принимать решения по любым вопросам деятельности Предприятия.

Количество голосов каждого из участников в Совете (Правлении) определяется в соответствии с размером его вклада в уставпый фонд.

Участник(и) из РФ имеет(ют) _____ голосов, в том

(указывается количество)

числе _____ .

(указывается количество голосов каждого участника)

Участник(и) из _____ имеет(ют) _____ голосов, в том

числе _____ .

(указывается количство голосов каждого участника)

Статья 9

Исполнительным органом Предприятия является Генеральный директор, назначаемый Советом (Правлением).

Генеральный директор осуществляет руководство текущей деятельностью предприятия на основе единоначалия в рамках компетенции и прав, определенных Уставом и решениями Совета (Правления).

Статья 10

Контроль за финансовой и хозяйственной деятельностью Предприятия и его филиалов осуществляет Ревизионная комиссия, назначаемая Советом (Правлением).

Статья 11

Предприятие осуществляет свою деятельность на основе разрабатываемых и утверждаемых им текущих и перспективных планов.

Статья 12

Материально-техническое снабжение Предприятия и его филиалов, являющихся юридическими лицами, и реализация его продукции осуществляются _____

(указывается согласованный Участниками Предприятия
_____

порядок материально-технического снабжения и реализации продукции
_____

Предприятия, предусмотренный национальным законодательством страны
_____

места нахождения Предприятия. Может быть предусмотрено материально-
_____

техническое снабжение Предприятия из страны другого участника Предприятия.)

Статья 13

Прибыль Предприятия за вычетом сумм по взаимоотношениям с государственным бюджетом _____

(указывается страна места нахождения)
и сумм, направляемых на создание и пополнение фондов Предприятия, распределяется между его участниками пропорционально их вкладам в уставный фонд Предприятия.

По решению Совета (Правления) в той же пропорции и за соответствую-
щее возмещение _____

(в переводных рублях, в национальной валюте страны
_____ может распределяться также выручка Предприятия в
места нахождения)
свободно конвертируемой валюте, превышающая потребности Предприятия.

Статья 14

Продукция Предприятия предназначается в первую очередь для удовлетворения потребностей стран Участников Предприятия и на покрытие потребностей Предприятия в свободно конвертируемой валюте.

Продукция Предприятия распределяется между странами Участниками Предприятия в соответствии с решением Совета (Правления) _____
_____

(пропорционально внесенным вкладам; по иному принципу, определенному
_____

Участниками Предприятия)

Статья 15

Финансовая деятельность предприятия осуществляется на основе финансовых планов, являющихся частью планов его хозяйственной деятельности.

Статья 16

Администрация Предприятия обязана заключить коллективный договор с действующей на нем профсоюзной организацией. Содержание этого договора, включая положения о социальном развитии трудого коллектива, определяется соответствующим законодательством

_____

(указывается страна места нахождения Предприятия)
а также особенностями деятельности Предприятия.

Статья 17

Настоящий Договор вступает в силу с даты его подписания.

Настоящий Договор может быть изменен и дополнен по соглашению Участников Предприятия.

Совершено "_____" _____ 199 г. в г _____
в двух подлинных экземплярах, каждый на русском и _____
языках, причем оба текста имеют одинаковую силу.

Адреса Сторон:

_____ За _____

Efficient Business Communication: Short-Form Passive Adjectival Participles

SHORT-FORM PASSIVE ADJECTIVAL PARTICIPLES

Besides long forms, presented in Lesson 3, present and past passive adjectival participles have short forms that agree in number and gender with words they modify:

Present	Past
Директор уважаем.	Отдел организован.
Речь незабываема.	Фирма создана.
Предприятие регистрируемо.	Письмо прислано.
Сотрудники любимы.	Правила изучены.

Present and past short-form adjectival participles all drop the long adjectival endings of the long-form passive adjectival participles. The short forms of past passive participles also retain only one consonant in the suffix.

Past passive participles ending in *анн*, retain only the suffix *н* in their short form:

Full forms	Short forms	Translations
созданный	создан, создана, создано, созданы	created
проданный	продан, продана, продано, проданы	sold
присланный	прислан, прислана, прислано, присланы	sent
организованный	организован, организована, организовано, организованы	organized

Past passive participles ending in *енн*, retain only the suffix *ен*:

Full forms	Short forms	Translations
изученный	изучен, изучена, изучено, изучены	learned
купленный	куплен, куплена, куплено, куплены	bought
исправленный	исправлен, исправлена, исправлено, исправлены	corrected
подготовленный	подготовлен, подготовлена, подготовлено, подготовлены	prepared

Past passive participles ending in *т*, retain it in their shortened form:

Full forms	Short forms	Translations
принятый	принят, принята, принято, приняты	accepted
открытый	открыт, открыта, открыто, открыты	opened
закрытый	закрыт, закрыта, закрыто, закрыты	closed
поднятый	поднят, поднята, поднято, подняты	raised

The short form of passive adjectival participles serve as the predicate. Short forms of the past passive adjectival participles can be used in the present, past, or future tenses to indicate the time of the completion of the action as shown on the next page in Table 1.

In the pattern sentences following Table 1, active constructions in the left column are changed into passive constructions on the right. The method for conversion from active to passive includes the following three steps: 1) the direct object of the active construction becomes the subject of the passive one; 2) the verb of the active construction becomes a short-form passive adjectival participle; and 3) the subject of the active construction appears in the passive construction in the instrumental case.

(Note that in sentence 4 of these pattern sentences the subject is not stated. The verb in such constructions must agree with the third-person plural, "они," corresponding to the unspecified "they" in English.)

Table 1. Short-Form Passive Adjectival Participles as Predicates

Present	Past	Future
Работа выполнена.	Работа была выполнена.	Работа будет выполнена.
The work is completed. The work has been completed.	The work was completed.	The work will be completed.
Контракт подписан.	Контракт был подписан.	Контракт будет подписан.
The contract is signed. The contract has been signed.	The contract was signed.	The contract will be signed.
Предприятие закрыто.	Предприятие было закрыто.	Предприятие будет закрыто.
The business is closed. The business has been closed.	The business was closed.	The business will be closed.
Письма присланы.	Письма были присланы.	Письма будут присланы.
The letters are sent. The letters have been sent.	The letters were sent.	The letters will be sent.

Pattern Sentences.

Active constructions.

1. Группа инженеров-строителей организовала строительный кооператив.
   A group of construction engineers organized a construction cooperative.

2. Государство передаст землю крестьянам безвозмездно.
   The government will transfer the land to the peasants free of charge.

3. Кооператив принял на работу новых членов.
   The cooperative accepted new members for work.

Passive constructions.

1. Строительный кооператив организован группой инженеров-строителей.
   A building cooperative has been organized by a group of construction engineers.

2. Земля будет передана государством крестьянам безвозмездно.
   The land will be transferred by the government to the peasants free of charge.

3. Новые члены были приняты на работу кооперативом.
   New members were accepted by the cooperative for work.

Active constructions.	Passive constructions.
4. Финансовую операцию провели в соответствии с существующими нормами. They conducted the financial operation in accordance with existing norms.	4. Финансовая операция была проведена в соответствии с существующими нормами. The financial operation was conducted in accordance with existing norms.

Passive Constructions Using Reflexive Verbs

As in these sentences, passive constructions are made from perfective verbs by using short forms of their past passive adjectival participles. Passive constructions from imperfective verbs, however, may be created from reflexive verbs ending in *ся*. Compare these two methods in Table 2.

Table 2. Formation of Passive Constructions in Both Aspects

Aspects	Active constructions	Passive constructions
Imperfective	Подготовительную работу выполняет фирма. The firm performs the preparatory work.	Подготовительная работа выполняется фирмой. The preparatory work is performed by the firm.
Perfective	Подготовительную работу выполнила фирма. The firm performed the spade-work.	Подготовительная работа выполнена фирмой. The spade-work has been performed by the firm.
Imperfective	Акционерное общество продаёт часть акций. The joint-stock company sells some of its shares.	Часть акций продаётся акционерым обществом. Some shares are sold by the joint-stock company.
Perfective	Акционерное общество продало часть акций. The joint-stock company sold some shares.	Часть акций была продана акционерным обществом. Some shares were sold by the joint-stock company.

Assignment 1.   Determine from which verbs the following short-form passive adjectival participles have been formed and then provide the feminine, neuter, and plural forms of these participles.

Example: прислан (прислать)— прислана, прислано, присланы

1. создан	6. рассчитан
2. организован	7. составлен
3. получен	8. выполнен
4. передан	9. сделан
5. подписан	10. выдан

Assignment 2. Replace the following passive constructions with active ones.

1. Копия контракта получена директором предприятия.
2. План работы предприятия составлен опытными экономистами.
3. Готовая продукция выдана заказчику во-время.
4. Фирмой получены комиссионные по почте.
5. Данная сумма не предусмотрена бюджетом организации.
6. Филиалы фирмы созданы во многих городах.
7. Банковский чек лично получен бухгалтером.

Assignment 3. Answer the following questions with active and passive constructions according to these examples:

Кто дал средства на реконструкцию выставки?
Спонсоры дали средства на реконструкцию выставки.

Кем даны средства на реконструкцию выставки?
Средства на реконструкцию выставки даны спонсорами.

1. Кто составил контракт? Кем составлен контракт?
2. Кто получил нужную информацию? Кем получена нужная информация?
3. Кто отправил телеграмму? Кем отправлена телеграмма?
4. Кто закупил весь товар? Кем закуплен весь товар?
5. Кто провёл презентацию фирмы? Кем проведена презентация фирмы?
6. Где провели презентацию фирмы? Где проведена презентация фирмы?
7. Когда провели презентацию фирмы? Когда была проведена презентация фирмы?
8. Кто выпустил новую марку автомобиля? Кем была выпущена новая марка автомобиля?
9. Кто сформулирует новый критерий заработной платы? Кем будет сформулирован новый критерий заработной платы?

Assignment 4. Using active constructions, answer the following questions.

1. Весь ли товар был закуплен брокером?
2. Кем были сформулированы условия торгового договора?
3. Кем были утверждены закупочные цены на бумагу?
4. Где был проведён последний аукцион?
5. Когда был подписан контракт между фирмами?
6. Кем был куплен контрольный пакет акций?
7. Кем был создан проект торгового центра?

Assignment 5. Complete the following sentences by selecting the appropriate participle. Then put it in the correct form and use the correct tense.

1. Мы были на аукционе, (организованный, организован)
   _____ молодыми бизнесменами.
2. Аукцион (организованный, организован) _____
   молодыми бизнесменами.
3. Биржевые данные, (напечатанный, напечатан) _____
   в газете, привлекли наше внимание.
4. Последние биржевые данные (напечатанный, напечатан)
   _____ в газете.
5. Деловые документы, (полученный, получен) _____,
   вчера, находятся в секретариате.
6. Деловые документы (полученный, получен) _____
   только вчера.
7. Торговая сделка, (заключённый, заключён) _____
   между фирмами, должна быть выгодной для обеих сторон.
8. Взаимовыгодная торговая сделка может быть (заключённый,
   заключён) _____ в скором времени.
9. Предприятие, (оснащённый, оснащён) _____
   новейшими машинами, сможет выдержать рыночную
   конкуренцию.
10. Фирма (оснащённый, оснащён) _____
    новейшими компьютерами.

READING: ВОССТАНОВЛЕНИЕ КИТАЙ-ГОРОДА

Китай-город—один из древнейших районов Москвы, примыкающих к Кремлю.

В 1991 году был утверждён проект реконструкции и восстановления этого района.

Вся территория Китай-города должна быть реставрирована и восстановлена. Китай-город был построен, в основном, в конце 16 века. Здесь строились храмы, монастыри, торговые ряды, дома богатых горожан.

В Китай-городе была построена знаменитая Славяно-греко-латинская академия, в которой впоследствии учился Ломоносов. Кроме того, здесь были расположены и вели оживленную торговлю сотни лавок, мастерских, трактиров и закусочных. Но уже в 30-ые годы 19 века началось разрушение этого района. Была уничтожена большая часть Китайгородской стены, взорваны и разрушены соборы и церкви, расположенные в этом районе.

А в 1967 году в районе Китай-города было построено современное здание гостиницы "Россия."

Старинный архитектурный ансамбль Китай-города был полностью нарушен. В настоящее время решено возродить этот истинно московский район. По проекту в Китай-городе будут сосредоточены торговые и общественно-культурные зоны. Здесь также будут размещены музеи, выставки, магазины, книжные лавки, многочисленные кафе.

Будет восстановлен Казанский собор и восстановлена церковь Троицы—замечательные памятники старинного русского зодчества.

В Китай-городе будет создан свой Административный Совет, который будет управлять этим районом.

Административный совет создаст акционерную компанию "Китай-город," в которую войдут как российские предприятия, так и многие зарубежные фирмы. После проведения открытой продажи акций и создания акционерного капитала к выполнению программы будут привлечены строительные фирмы.

Возрождение Китай-города—этого старого района—задача не только историко-культурная, но и экономическая. Китай-город после реконструкции сможет стать одним из центров мирового туризма и приносить Москве большой ежегодный доход.

Assignment 6. Answer the following questions based on the text.

1. Какие памятники архитектуры будут восстановлены в Китай-городе?
2. Какой орган будет управлять районом Китай-город?
3. Кто войдёт в состав Акционерной компании "Китай-город?"
4. Какие задачи может разрешить восстановление Китай-города?
5. Что может обеспечить ежегодный доход району Китай-города?

Assignment 7. List the short-form passive participles in the text that act as predicates and write the nouns that they complement according to this example: территория реставрирована

Assignment 8. List the short-form participles in the text and indicate the verbs from which they have been formed.

Assignment 9. Answer the following questions according to this example:
> В каком веке был построен Китай-город?
> Китай-город построили в конце 16 века.

1. Какое учебное заведение было построено в Китай-городе?
2. Какие торговые заведения были открыты в Китай-городе?
3. Когда была разрушена Китайгородская стена?
4. Чем было нарушено единство старинного архитектурного ансамбля Китай-города?
5. Когда был утверждён проект реконструкции и восстановления Китай-города?

HUMOR: "ПРЕДПОЧИТАЮ ЛЕКАРСТВО"

У русского писателя Ивана Андреевича Крылова очень болели ноги. Об этом узнал один виноторговец. Через некоторое время писателем был получен большой ящик вина с запиской от виноторговца: "Предлагаю Вам купить моё вино. Оно помогает лучше, чем лекарство." Крылов попробовал вино и отправил его обратно виноторговцу с запиской: "Благодарю Вас за внимание, попробовал Ваше вино, предпочитаю лекарство."

Assignment 10. Retell this story orally.

PROVERBS AND SAYINGS

Не в деньгах счастье.
Money does not buy happiness.

Не всё то золото, что блестит.
All that glitters is not gold.

Долг платежом красен.
One good turn deserves another.

Кто другому яму роет, тот сам в неё попадёт.
He who sets traps for others gets caught in them himself.

Долго спать — с долгом встать.
Sleep long and awaken to more problems.

Купить кота в мешке.
To buy a pig in a poke.

WORDS AND EXPRESSIONS IN THE TEXT

административный совет	administrative council
акционерная компания	auction house
акционерный капитал	stock capital
возрождать/возродить (что?)	to revive, to regenerate
восстановление (чего?)	restoration, rehabilitation
востанавливать/восстановить (что?)	to restore, to renew, to rehabilitate
гостиная	living room
гостиница	hotel
гость	guest
ежегодный доход	annual income
закусочная	snackbar
закусывать/закусить (чем?)	to have a snack, to have a bite
лавка	store, shop
мастер	master, artisan, craftsman
мастеровой	worker (factory)
мастерская	workshop
монастырь	monastery
монета	coin
монетный двор	mint
нарушать/нарушить (что?)	to destroy
нарушение (чего?)	destruction
общественность	community, public opinion
общественный	social, public
общество	society
печатать/напечатать (что?)	to print, to type
печатный двор	printing shop
печать	seal, stamp, printing
по-современному	in a contemporary way
привлекать/привлечь (кого?)(что?) (к чему?)	to attract
привлечение (чего?)	attraction
приносить/принести (что?)(кому?) (чему?)	to bring
район	region
районный	regional
расположение (чего?)	disposition, situation
реконструировать (что?)	to reconstruct
реконструкция (чего?)	reconstruction
рубеж	border
зарубежные фирмы	foreign companies
собор	cathedral
сосредоточение (чего?)	concentration, focus

сосредоточивать/сосредоточить (что?)(где?)	to focus, to concentrate
торг, торговля	trade
торговать	to trade
торговый ряд	commercial section
трактир	inn
уничтожать/уничтожить (кого?)(что?)	to eliminate, to annihilate
уничтожение (кого?)(чего?)	annihilation
управляющий	manager
утверждать/утвердить (что?)	to assert, to affirm, to maintain
утверждение (чего?)	assertion
храм	church, temple
церковь	church

Lesson 5

Once a contract has been signed, a representative of a new enterprise opens an account in a commercial bank in order to earn interest on its capital. In this lesson, Mrs. Brown, who has been living in Moscow six months, has decided to open an account at Moskovija, a new commercial bank. Study the terminology in the forms for opening ruble and hard-currency accounts so that you can use them.

Московия
2 Донской проспект, д. 8
117071 Москва

Dialogue: В банке

Часть 1.

Миссис Браун: Здравствуйте! Скажите пожалуйста, я могу открыть счёт в вашем банке?

Вахтёр: Одну минуточку. Сейчас я приглашу сотрудника нашего банка.

Сотрудник банка: Добрый день. Вы хотите открыть счёт в нашем банке?

Миссис Браун: Да, если это возможно.

Сотрудник банка: Нет ничего проще. Пройдёмте со мной, пожалуй-ста. Проходите, садитесь. Если у вас есть немного времени, я хотел бы ознакомить вас с условиями открытия счёта в нашем банке. Простите, а в какой валюте вы хотели бы открыть счёт?

Миссис Браун: В рублях.

Сотрудник банка: Прекрасно. Наш банк открывает рублёвые счёта на срок не менее шести месяцев с выплатой высоких процентов.

Миссис Браун: А какой размер годовых процентов?

Сотрудник банка: Наш банк платит самый высокий процент по вкладам в рублях.

Миссис Браун: Да, это неплохо. А могу ли я взять свои деньги до истечения шести месяцев.

Сотруник банка: Да, конечно. Но тогда вы теряете свои проценты. Вы получите в десять раз меньше процентов.

Миссис Браун: Я учту это. Скажите пожалуйста, а какой минимальный вклад?

Сотрудник банка: Для нашего банка минимального вклада нет.

Миссис Браун: Ну что же, у вас неплохие условия вклада денег. Я, пожалуй, открою счёт в вашем банке.

Сотрудник банка: Вот, будьте добры, заполните бланк нашего договора.

Миссис Браун: Вы дали два бланка.

Сотрудник банка: Да, необходимо заполнить бланк в двух экземплярах. Один экземпляр отдаёте нам, а другой остаётся у вас. Не буду вам мешать. Если возникнут какие-нибудь вопросы, я к вашим услугам. Обратите, пожалуйста, внимание, что размер вашего вклада, который вы вписываете на первой странице договора, должен писаться прописью и с самого начала строки.

Миссис Браун: Отлично. Я именно так и сделаю. Спасибо, вы были очень любезны. Вот, пожалуйста, мой договор.

ДЕПОЗИТНЫЙ ДОГОВОР
N ____

" _19_ " _июня_ 199 _6_ г.   г. Москва

Коммерческий банк "Московия" (далее Банк) в лице председателя правления Улупова Вячеслава Евгеньевича, действующего на основании Устава, зарегистрированного 17.12.90 ЦБ России N 1212 с одной стороны, и _Мэри Джейн Браун_ (далее Клиент), заключили договор о следующем:

Банк принимает на хранение денежный вклад в размере _х рублей_ _____с начислением ___% годовых на срок шесть месяцев. (прописью)

I. УСЛОВИЯ ОТКРЫТИЯ И ХРАНЕНИЯ ВКЛАДА

1.1 Прием и выдача вкладов производится с 10 до 17 по рабочим дням без перерыва на обед.

1.2 Вклады принимаются как наличными деньгами так и переводом денег из других банков.

Вклад может быть увеличен путем дополнительного взноса.

1.3 Минимальная сумма вклада и дополнительного взноса:
— наличными _____ рублей;
— безналичным перечислением _____ рублей.

1.4 Действие договора и отсчет срока по начислению процентов начинается со дня поступления денег в Банк.

1.5 Проценты (по желанию Клиента) выплачиваются ежемесячно.

1.6 При поступлении вклада из другого банка наличными деньгами выплачиваются только проценты, но не свыше _____ (_____) рублей за каждый месяц.

1.7 Вклад (его часть), внесенный наличными деньгами, обслуживается бесплатно.

1.8 При поступлении вклада (его части) из другого банка Клиент уплачивает:
— при перечислении денег в другой банк — 1% от суммы;
— при получении процентов в кассе — 5% от суммы.

1.9 При досрочном востребовании вклада последний переходит в разряд текущего с начислением 6% годовых с момента поступления денег с удержанием излишне полученных ранее процентов.

II. ПРАВА И ОТВЕТСТВЕННОСТЬ СТОРОН

2.1 Банк гарантирует сохранность вклада и информации о нем и о Клиенте в соответствии с действующим законодательством.

2.2 Банк обеспечивает по первому требованию Клиента или его законного представителя:
— безналичный перевод денег (в другой банк — не позднее следующего рабочего дня);
— выплату до _____ (_____) рублей включительно причитающихся наличных денег.

Наличные деньги свыше _____ (_____) рублей Клиент заказывает за два рабочих дня.

При нарушении данного пункта по вине Банка последний платит Клиенту 0,1% от задержанной суммы за каждый календарный день просрочки.

2.3 Клиент имеет право завещать свой вклад и (или) доверять пользование вкладом согласно действующему законодательству.

2.4 Для получения или перечисления денег Клиент предъявляет паспорт (заменяющий его документ).

2.5 В случае ликвидации Банк в первоочередном порядке выплачивает Клиенту вклад со всеми наличными процентами.

2.6 Банк сообщает в печати об изменении почтовых и других реквизитов.

2.7 В случае неисполнения или ненадлежащего исполнения принятых по настоящему договору обязательств Банк несет ответственность в соответствии с действующим законодательством.

2.8 ОСОБЫЕ УСЛОВИЯ: _____

_____

III. СРОК ДЕЙСТВИЯ ДОГОВОРА

3.1 При невостребовании денег в течение одного месяца по истечении срока вклада последний считается автоматически продленным еще на шесть месяцев на тех же условиях.

Невостребованные проценты в этом случае прибавляются к сумме вклада.

3.2 Действие договора прекращается после получения Клиентом всех причитающихся ему платежей.

КЛИЕНТ: **БАНК:**

Тел. _____   117071, москва,
паспорт: 2-й Донской пр-д, 8
серия _____ N*146895008*   тел.: 955-48-62, 955-47-29
выдан " *8* " *мая* 19*94* г   к/с 161696 в РКЦ ГУ ЦБ России
кем _____   МФО 201791

_____
Клиент   *Мэри Джейн Браун*   Председатель правления
                                     Вячеслав Евгеньевич Улупов
                                     Главный бухгалтер
                                     Владимир Михаилович Гончаров

ДОВЕРЕННОСТЬ

Я, _____*Мэри Джейн Браун*_____
доверяю получить свой вклад
_____*x*_____,
          Паспорт серия _____ N *146895008*
          выдан " *8* " _____*мая*_____ 19*94* г.
кем _____
          Клиент   *Мэри Джейн Браун*_____
                     (*подпись*)

Миссис Браун: Вы знаете, я всё заполнила, как вы сказали, в двух экземплярах. Только я хотела бы уточнить, могу ли я написать в раздел 2.8 "Особые условия" завещание вклада своей дочери.

Сотрудник банка: Да, конечно. Завещание вклада как раз и вписывается в этот раздел.

Миссис Браун: Спасибо. А могу я задать вам последний вопрос?

Сотрудник банка: Естественно. Рад вам услужить.

Миссис Браун: А что мне делать, если ваш банк изменит адрес? Возможно, я скоро поеду по делам в Нью Йорк, и, к сожалению, я не знаю, сколько времени мне придётся там пробыть.

Сотрудник банка: Я вас понимаю. Это вы тоже можете оговорить в разделе "Особые условия," например, вы просите уведомить вас об изменении адреса нашего банка.

Миссис Браун: Прекрасно, я так и сделаю.

Часть 2.

Миссис Браун собиралась выйти из банка, когда вдруг она увидела старого приятеля, мистера Смита. Она удивлена тому, что они встретились в Москве в банке.

Миссис Браун: Мистер Смит! Это вы? Какими судьбами?

Мистер Смит: О, миссис Браун. Я не верю своим глазам. Какая неожиданная встреча.

Миссис Браун: Вот уж действительно земля круглая. Это чистая правда.

Мистер Смит: Это очень интересно, что мы с вами здесь встретились, может это судьба?

Миссис Браун: Вы шутник, мистер Смит. Но я действительно очень рада вас видеть. Вы давно приехали в Россию?

Мистер Смит: О нет, несколько дней назад. Вчера состоялось подписание договора о совместной деятельности между моей и российской сторонами.

Миссис Браун: Это будет совместное предприятие?

Мистер Смит: Да, мы будем заниматься продажей наших машин на российской территории.

Миссис Браун: Прекрасно. Я здесь уже 6 месяцев, и у меня пока дела идут неплохо. Вы ведь знаете, я занимаюсь проблемами туризма.

Мистер Смит: Вы не только красивая женщина, миссис Браун, но и очень деловая. Это редкое сочетание, и, я бы даже сказал, опасное.

Миссис Браун: Спасибо за комплимент. Мне приятно это слышать. Вы тоже в отличной форме, мистер Смит.

Мистер Смит: Да? Спасибо, миссис Браун, вы, наверное, не первый раз в этом банке?

Миссис Браун: Нет, как раз сегодня я первый раз пришла сюда, чтобы открыть счёт.

Мистер Смит: Прекрасно. Я тоже пришёл, чтобы открыть счёт в этом банке. Вы не подскажете мне, как это сделать?

Миссис Браун: О, это очень просто. Надо заполнить договор в двух экземплярах. Образцы находятся вот на этих столиках.

Мистер Смит: Как хорошо, что я вас встретил, миссис Браун. Что бы я тут без вас делал?

Миссис Браун: Здесь очень приятные сотрудники. Они бы вам всё объяснили.

Мистер Смит: Возможно вы правы, но... я не вижу бланков на открытие текущего счёта в валюте для предприятия.

Миссис Браун: Вот он, мистер Смит. И помните, что всё необходимо заполнять в двух экземплярах.

Мистер Смит: Да, да, конечно.

Миссис Браун: К сожалению, мистер Смит, я должна бежать. У меня встреча в 12 часов 30 минут.

Мистер Смит: Я не смею вас задерживать. Но я надеюсь, что вы дадите мне номер вашего телефона. Мне хотелось бы пригласить вас поужинать. Вот моя визитная карточка.

Миссис Браун: А вот моя. Я буду рада вашему звонку.

Мистер Смит начинает заполнять бланк, чтобы открыть текущий валютный счёт в коммерческом банке, Московия.

ЗАЯВЛЕНИЕ
на открытие текущего валютного счета
в Акционерном коммерческом банке
"МОСКОВИЯ"

Наименование объединения, предприятия, организации
Совместное предприятие "ИМЭКС"   *Joint venture IMEKS*

(*на русском и английском языках*)

Адрес   *Москва*

     Нью Йорк

Телекс _____ Телефон _____

Наличие иностранного капитала   *35*   %

Наименование банковского учреждения, в котором открыт рублевый счет   *Мосбизнес банк*   N *345001*

расчетного (текущего, бюджетного) счета, по МФО *201791*

Наименование банковского учреждения, в котором открыт текущий валютный счет   *Кредо банк*   N счета *241203*

N и дата Свидетельства о регистрации в качестве участника внешнеэкономической деятельности *305 от 20 мая 1995 года*   .

Просим открыть на наше имя текущий валютный счет в соответствии с правилами и тарифами расчетно-кассового обслуживания Акционерного коммерческого банка "Московия", которые нам известны и имеют для нас обязательную силу.

Мы гарантируем достоверность представляемых сведений.

Все произведенные Банком расходы при выполнении наших поручений и комиссию просим относить в дебет нашего счета.

Выписки по нашему счету просим

выдавать уполномоченным лицам
(отправлять по почте в наш адрес/выдавать уполномоченным лицам)

О всяком изменении данных, указанных в настоящем заявлении, обязуемся извещать Вас в письменной форме.

Всю ответственность за возможные неблагоприятные последствия, связанные с задержкой получения Банком такого извещения, несет владелец счета.

Руководитель _(должность) коммерческий директор_
Роберт Дж. Смит (подпись)

М.П. Главный бухгалтер _В.М. Гончаров_ (подпись)
" _19_ " _июня_ 199 _6_ г.

ОТМЕТКИ БАНКА

Открыть текущий валютный счет

Документы на оформление открытия счета

РАЗРЕШАЮ:
Руководитель _____
(подпись)
"___" _____ 199 ___ г.

ПРОВЕРИЛ:

Валютно-Экономическое управлеие

(подпись)
"___" _____ 199 ___ г.

Юридический отдел

(подпись)
"___" _____ 199 г.

Открыт текущий валютный счет

Наименование валюты	N текущего балансового счета	N лицевого счета	Дата открытия счета

Главный бухгалтер _____ (подпись)

" ___ " _____ 199 г.

Акционерный коммерческий банк "Московия" открывает и ведет текущей валютный счет на следующих условиях:

1. Банк осуществляет расчетно-кассовое и консультационное обслуживание клиента в иностранной валюте в соответствии с действующим валютным законодательством, Правилами открытия и ведения валютных счетов клиентов Банка и Тарифами ставок комиссионного вознаграждения за выполнение поручений банков-корреспондентов и клиентов Акционерного коммерческого банка "Московия".

2. Банк гарантирует сохранность вклада и информации о нем и о клиенте в соответсвии с действующим законодательством.

3. Банк начисляет проценты по счетам в тех валютах, от размещения которых имеет доходы. Проценты начисляются на остаток более 100 000 долларов США или эквивалент этой суммы. Выплата процентов производится один раз в год после 31 декабря. Банк взимает плату за открытие и ведение счетов, в том числе и при отсутствии движения средств по счету.

4. За выполнение поручений клиента Банк взимает комиссию в иностранной валюте в момент выполнения операций в соответствии с Тарифами Банка. Указанные суммы списываются со счета клиента в безакцептном порядке.

5. Клиент несет ответственность за достоверность к полноту сведений, подлинность документов, представляемых в Банк, а также за правомерность совершаемых по счету операций.

Банк вправе требовать у клиента представления дополнительных документов и материалов, подтверждающих его платежеспособность и надежность, а также законность операций, совершаемых по счету.

Банк вправе требовать у клиента представления дополнительных документов и материалов, подтверждающих его платежеспособность и надежность, а также законность операций, совершаемых по счету.

6. Клинет обязан соблюдать положения действующего валютного законодательства, постановления Правительства России, регулирующие внешнеэкономическую деятельность и порядок проведения операций в иностранной валюте на территории России.

7. Текущий валютный счет открывается на неопределенное время и может быть закрыт по письменному заявлению клиента в течение одного месяца от даты подачи заявления в Банк. Банк оставляет за собой право в одностороннем порядке закрыть счет клиента в случае нарушения им режима счета и/или Правил открытия и ведения текущих валютных счетов клиентов Банка, о чем обязуется сообщить клиенту в письменном виде.

8. Банк производит списание средств со счета и/или приостанавливает операции по счету без предварительного согласия клиента только в случаях, предусмотренных действующих законодательством.

9. Банк не несет ответственности за задержку в осуществлении расчетно-кассого обслуживания, произошедшую не по вине Банка.

10. Банк и клиент освобождаются от ответственности за частичное или полное неисполнение настоящих Условий, если это неисполнение явилось следствием обстоятельств непреодолимой силы, возникших после открытия текущего валютного счета, и в результате событий чрезвычайного характера.

11. Настоящие условия имеют силу договора и действуют до поступления от одной из сторон извещения о расторжении отношений между сторонами.

"С условиями ознакомлен и согласен"

М.П. Руководитель (должность) *коммерческий директор*

Роберт Дж. Смит (подпись)

"*19*" *июня* 199 *6* г.

Exercise 1. Вы хотите открыть счёт в банке. Составьте диалог на заданную тему, используя лексику учебного диалога. (You would like to open an account in a bank. Compose a dialogue on this assigned theme, using the vocabulary of the text dialogue.)

Assignment 1. Fill out the forms for opening a ruble account and a hard-currency account in this bank.

ДЕПОЗИТНЫЙ ДОГОВОР
N ____

" ___ " _____ 199 г.   г. Москва

Коммерческий банк "Московия" (далее Банк) в лице председателя правления Улупова Вячеслава Евгеньевича, действующего на основании Устава, зарегистрированного 17.12.90 ЦБ России N 1212 с одной стороны, и _____ (далее Клиент), заключили договор о следующем:

Банк принимает на хранение денежный вклад в размере _____ _____с начислением __% годовых на срок шесть месяцев. (прописью)

I. УСЛОВИЯ ОТКРЫТИЯ И ХРАНЕНИЯ ВКЛАДА

1.1 Прием и выдача вкладов производится с 10 до 17 по рабочим дням без перерыва на обед.

1.2 Вклады принимаются как наличными деньгами так и переводом денег из других банков.

Вклад может быть увеличен путем дополнительного взноса.

1.3 Минимальная сумма вклада и дополнительного взноса:
— наличными _____ рублей;
— безналичным перечислением _____ рублей.

1.4 Действие договора и отсчет срока по начислению процентов начинается со дня поступления денег в Банк.

1.5 Проценты (по желанию Клиента) выплачиваются ежемесячно.

1.6 При поступлении вклада из другого банка наличными деньгами выплачиваются только проценты, но не свыше _____ (_____) рублей за каждый месяц.

1.7 Вклад (его часть), внесенный наличными деньгами, обслуживается бесплатно.

1.8 При поступлении вклада (его части) из другого банка Клиент уплачивает:
— при перечислении денег в другой банк — 1% от суммы;
— при получении процентов в кассе — 5% от суммы.

1.9 При досрочном востребовании вклада последний переходит в разряд текущего с начислением 6% годовых с момента поступления денег с удержанием излишне полученных ранее процентов.

II. ПРАВА И ОТВЕТСТВЕННОСТЬ СТОРОН

2.1 Банк гарантирует сохранность вклада и информации о нем и о Клиенте в соответствии с действующим законодательством.

2.2 Банк обеспечивает по первому требованию Клиента или его законного представителя:

— безналичный перевод денег (в другой банк — не позднее следующего рабочего дня);

— выплату до _____ (_____) рублей включительно причитающихся наличных денег.

Наличные деньги свыше _____ (_____) рублей Клиент заказывает за два рабочих дня.

При нарушении данного пункта по вине Банка последний платит Клиенту 0,1% от задержанной суммы за каждый календарный день просрочки.

2.3 Клиент имеет право завещать свой вклад и (или) доверять пользование вкладом согласно действующему законодательству.

2.4 Для получения или перечисления денег Клиент предъявляет паспорт (заменяющий его документ).

2.5 В случае ликвидации Банк в первоочередном порядке выплачивает Клиенту вклад со всеми наличными процентами.

2.6 Банк сообщает в печати об изменении почтовых и других реквизитов.

2.7 В случае неисполнения или ненадлежащего исполнения принятых по настоящему договору обязательств Банк несет ответственность в соответствии с действующим законодательством.

2.8 ОСОБЫЕ УСЛОВИЯ: _____
_____
_____
_____

III. СРОК ДЕЙСТВИЯ ДОГОВОРА

3.1 При невостребовании денег в течение одного месяца по истечении срока вклада последний считается автоматически продленным еще на шесть месяцев на тех же условиях.

Невостребованные проценты в этом случае прибавляются к сумме вклада.

3.2 Действие договора прекращается после получения Клиентом всех причитающихся ему платежей.

КЛИЕНТ:
Тел. _____
паспорт:
серия _____ N _____
выдан " ___ " _____19 г
кем _____
_____
Клиент _____

БАНК:
117071, москва,
2-й Донской пр-д, 8
тел.: 955-48-62, 955-47-29
к/с 161696 в РКЦ ГУ ЦБ России
    МФО 201791

Председатель
правления _____
Главный
бухгалтер _____

ДОВЕРЕННОСТЬ

Я, _____
доверяю получить свой вклад
_____,
     Паспорт серия _____ N _____
     выдан " _____ " _____ 19 _____ г.
кем _____
     Клиент _____
              (*подпись*)

ЗАЯВЛЕНИЕ
на открытие текущего валютного счета
в Акционерном коммерческом банке
"МОСКОВИЯ"

Наименование объединения, предприятия, организации

_____

(на русском и английском языках)

Адрес _____

_____

Телекс _____ Телефон _____

Наличие иностранного капитала _____ %

Наименование банковского учреждения, в котором открыт

рублевый счет _____ N _____

расчетного (текущего, бюджетного) счета, по МФО _____

Наименование банковского учреждения, в котором открыт

текущий валютный счет _____ N счета _____

N и дата Свидетельства о регистрации в качестве участника

внешнеэкономической деятельности _____.

**Просим открыть на наше имя текущей валютный счет в
соответствии с правилами и тарифами расчетно-кассового
обслуживания Акционерного коммерческого банка "Московия",
которые нам известны и имеют для нас обязательную силу.**

Мы гарантируем достоверность представляемых сведений.

**Все произведенные Банком расходы при выполнении наших
поручений и комиссию просим относить в дебет нашего счета.**

Выписки по нашему счету просим

_____

(отправлять по почте в наш адрес/выдавать уполномоченным лицам)

О всяком изменении данных, указанных в настоящем заявлении,
обязуемся извещать Вас в письменной форме.

Всю ответственность за возможные неблагоприятные последствия,
связанные с задержкой получения Банком такого извещения, несет
владелец счета.

Руководитель *(должность)* _____(подпись)

М.П.　　　Главный бухгалтер _____ (подпись)

"_____" _____ 199____ г.

ОТМЕТКИ БАНКА

Открыть текущий валютный счет	Документы на оформление открытия счета
РАЗРЕШАЮ:	**ПРОВЕРИЛ:**

Руководитель _____
            (подпись)
"___" _____ 199   г.

Валютно-Экономическое управлеие   Юридический отдел

_____   _____
       (подпись)   (подпись)
"___" _____ 199   г. "___" _____ 199 г.

Открыть текущий валютный счет

Наименование валюты	N текущего балансового счета	N лицевого счета	Дата открытия счета

Главный бухгалтер _____ (подпись)
"____" _____ 199 г.

Акционерный коммерческий банк "Московия" открывает и ведет текущий валютный счет на следующих условиях:

1. Банк осуществляет расчетно-кассовое и консультационное обслуживание клиента в иностранной валюте в соответствии с действующим валютным законодательством, Правилами открытия и ведения валютных счетов клиентов Банка и Тарифами ставок комиссионного вознаграждения за выполнение поручений банков-корреспондентов и клиентов Акционерного коммерческого банка "Московия".

2. Банк гарантирует сохранность вклада и информации о нем и о клиенте в соответсвии с действующим законодательством.

3. Банк начисляет проценты по счетам в тех валютах, от размещения которых имеет доходы. Проценты начисляются на остаток более 100 000 долларов США или эквивалент этой суммы. Выплата процентов производится один раз в год после 31 декабря. Банк взимает плату за открытие и ведение счетов, в том числе и при отсутствии движения средств по счету.

4. За выполнение поручений клиента Банк взимает комиссию в иностранной валюте в момент выполнения операций в соответствии с

Тарифами Банка. Указанные суммы списываются со счета клиента в безакцептном порядке.

5. Клиент несет ответственность за достоверность к полноту сведений, подлинность документов, представляемых в Банк, а также за правомерность совершаемых по счету операций.

Банк вправе требовать у клиента представления дополнительных документов и материалов, подтверждающих его платежеспособность и надежность, а также законность операций, совершаемых по счету.

6. Клинет обязан соблюдать положения действующего валютного законодательства, постановления Правительства России, регулирующие внешнеэкономическую деятельность и порядок проведения операций в иностранной валюте на территории России.

7. Текущий валютный счет открывается на неопределенное время и может быть закрыт по письменному заявлению клиента в течение одного месяца от даты подачи заявления в Банк. Банк оставляет за собой право в одностороннем порядке закрыть счет клиента в случае нарушения им режима счета и/или Правил открытия и ведения текущих валютных счетов клиентов Банка, о чем обязуется сообщить клиенту в письменном виде.

8. Банк производит списание средств со счета и/или приостанавливает операции по счету без предварительного согласия клиента только в случаях, предусмотренных действующих законодательством.

9. Банк не несет ответственности за задержку в осуществлении расчетно-кассого обслуживания, произошедшую не по вине Банка.

10. Банк и клиент освобождаются от ответственности за частичное или полное неисполнение настоящих Условий, если это неисполнение явилось следствием обстоятельств непреодолимой силы, возникших после открытия текущего валютного счета, и в результате событий чрезвычайного характера.

11. Настоящие условия имеют силу договора и действуют до поступления от одной из сторон извещения о расторжении отношений между сторонами.

"С условиями ознакомлен и согласен"

М.П.   Руководитель (должность) _____(подпись)

"___" _____ 199 г.

Efficient Business Communication: Adverbial Participles

Business correspondence, like articles in newspapers and magazines, is densely packed with information. Adverbial participles, also called verbal adverbs, are frequently used to condense the material. Adverbial participles qualify the action of a conjugated verb by telling how or why as well as when that action occurs or occurred. The aspect of the adverbial participle determines whether its action occurs simultaneously as in the case of present adverbial participles or precedes the action of the conjugated verb as in the case of past adverbial participles. Present adverbial participles are formed from imperfective verbs; past adverbial participles are formed from perfective verbs.

PRESENT ADVERBIAL PARTICIPLES

Present adverbial participles are formed by adding the suffix *я* (or *a* when the present-tense stem ends in ж, ч, ш, or щ) to the present-tense stem of imperfective verbs and by adding *я + сь* (never *ся*) to that of reflexive imperfective verbs as in Table 1. It should also be noted that reflexive verbs used passively do not form this type of participle.

Table 1. Formation of Present Adverbial Participles

Verbs	Suffixes a/я	Verbal particles	Present adverbial participles	Translations
изуча[-ют]	+ я	—	изучая	(while) studying
получа[-ют]	+ я	—	получая	(while) receiving
бер[-ут]	+ я	—	беря	(while) taking
слыш[-ат]	+ а	—	слыша	(while) hearing
крич[-ат]	+ а	—	крича	(while) shouting
расширя[-ют][-ся]	+ я	+ сь	расширяясь	(while) expanding
укрепля[-ют][-ся]	+ я	+ сь	укрепляясь	(while) growing stronger

Exceptions to this rule include давать, создавать, and вставать. These and similar verbs form their present adverbial participle from the infinitive: дава[-ть] + я = давая, создава[-ть] + я = создавая, встава[-ть] + я = вставая. The adverbial participle of быть is irregular: буд[-ут] + учи = будучи. Generally that form of adverbial participle is colloquial. The standard form is preferred, for instance: играя (играючи), желая (желаючи), умея (умеючи).

Assignment 2. Form present adverbial participles from the following imperfective verbs: предполагать, покупать, продавать, узнавать, сопоставлять, распространять, подписывать, располагать, предусматривать, заключать, знакомиться, пользоваться.

PAST ADVERBIAL PARTICIPLES

Past adverbial participles are formed from the past-tense stem of perfective verbs with the help of the suffix *в* or *вши* as shown in Table 2. The past adverbial participle of reflexive verbs that are not used passively can be formed only with the suffix *вши* by adding the verbal particle *сь* (never *ся*).

Table 2. Formation of Past Adverbial Participles

Verbs	Suffixes в/вши	Past adverbial participles	Translations
прочита[-ли]	+ в	прочитав	having read
прочита[-ли]	+ вши	прочитавши	
изучи[-ли]	+ в	изучив	having studied
изучи[-ли]	+ вши	изучивши	
столкну[-ли]сь	+ вши	столкнувшись	having collided

Assignment 3. Form past adverbial participles from the following perfective verbs: предложить, купить, продать, узнать, сопоставить, распространить, подписать, расположить, предусмотреть, заключить, познакомиться.

USE OF PRESENT AND PAST ADVERBIAL PARTICIPLES

The conjugated verb in a Russian sentence is given more prominence when accompanied by adverbial participles. The actions of the verb and the present adverbial participle occur at the same time. For instance, the parallelism of the actions of the two verbs in the first sentence below is retained in the second:

Фирма берёт на себя роль посредника и обеспечивает совместные предприятия кадрами и техникой.
The firm takes upon itself the role of intermediary and provides the joint ventures with the personnel and technology.

Фирма берёт на себя роль посредника, обеспечивая совметные предприятия кадрами и техникой.
The firm takes on itself the role of intermediary, providing the joint ventures with personnel and technology.

Action expressed by a past adverbial participle simply precedes the action of the conjugated verb:

Заключив контракт, фирма берёт на себя многие обязательства.
Having concluded the contract, the firm takes on itself many responsibilities.

Phrases containing adverbial participles are set off by commas as shown in these examples:

1. Увеличив свой годовой оборот до 3 млрд. долларов, объединение "Медэкспорт" имеет теперь широкую сеть зарубежных партнёров.
   Having increased its annual volume of business to $3 billion, the association, Medexport, now has a wide net of foreign partners.

2. Объединение "Медэкспорт" имеет теперь широкую сеть зарубежных партнёров, увеличив свой годовой оборот до 3 млрд. долларов.
   The association, Medexport, now has a wide net of foreign partners, having increased its annual volume of business to $3 billion.

3. Объединение "Медэкспорт," увеличив свой годовой оборот до 3 млрд. долларов, имеет теперь широкую сеть зарубежных партнёров.
   The association, Medexport, having increased its annual volume of business to $3 billion, now has a wide network of foreign partners.

In addition to conveying simultaneous or previously occurring actions, phrases with adverbial participles may modify verbs as adverbs of time, cause, concession, and condition.

Adverbs of Time
Adverbial participial phrases may have a temporal meaning as shown in the following pattern sentences.

Pattern Sentences.
1. Получив нужные документы, мы поехали в банк.
   We drove to the bank when we received the needed documents.
2. Составив план работы фирмы, служащие приступили к его выполнению.
   When the firm's work plan was drawn up, the employees began fulfilling it.
3. Находясь в офисе, приглашённые знакомились с деятельностью фирмы.
   When the guests were in the office, they acquainted themselves with the activities of the firm.

Adverbs of Cause

Adverbial participial phrases may be the cause for the action expressed by the conjugated verb as shown in the following pattern sentences.

Pattern Sentences.
1. Считая вопрос решённым, он больше не интересовался этим делом.
   He was no longer interested in this matter because he considered the question already decided.
2. Предприниматели вложили в дело большую сумму денег, ожидая получить значительную прибыль.
   Expecting to receive a significant profit, the entrepreneurs invested a large sum of money in the business.
3. Не имея современного оборудования, предприятие не может продолжать работу.
   The enterprise cannot continue the work because it does not have modern equipment.

Adverbs of Concession

Adverbial participial phrases may also be concessive; that is, they may concede that an unexpected direction is being taken by the action of the conjugated verb, based on what has gone before, as shown in these pattern sentences.

Pattern Sentences.
1. Прочитав бумагу несколько раз, я всё-таки ничего не понял.
   Having read the paper several times, I nevertheless did not understand anything.
2. Выслушав отчёт коммерческого директора, работники фирмы не утвердили его.
   Having heard the account of the commercial director, the workers of the firm did not confirm it.
3. Работая над проектом договора длительное время, стороны наконец подписали его.
   Having worked a long drawn-out time on the project of the agreement, the parties finally signed it.

Adverbs of Condition

Phrases introduced by adverbial participles can contain conditions required for achieving the action of the conjugated verb. Observe, for instance, the following pattern sentences.

Pattern Sentences.

1. Претендуя на должность директора предприятия, надо обладать организаторскими способностями.
   Aspiring to the post of director of an enterprise, one must have organizational abilities.
2. Желая создать совместное предприятие в России, необходимо изучать русский язык.
   If one wants to create a joint venture in Russia, it is essential to study Russian.
3. Рассчитывая на получение большой прибыли, следует привлечь к работе квалифицированных специалистов.
   If one wants to receive a large profit, one must attract qualified specialists to the work.

READING 1: ЛИЗИНГ

Лизинг придумали американцы в 50-х годах как способ уменьшения суммы налогов.

Если у предпринимателя нет необходимого оборудования, на помощь приходит лизинговая торговая фирма. Это необходимое оборудование фирма сдаёт в пользование, оставаясь его владельцем.

Предприниматель, используя необходимое оборудование, ежегодно перечисляет лизинговой фирме платежи, погашая таким образом первоначальную стоимость оборудования.

Отличие от аренды состоит в том, что выданное по лизингу оборудование фирма не забирает обратно.

Через несколько лет предприниматель выкупает это оборудование по остаточной стоимости.

Это только одна финансовая форма лизинга.

Вторая форма—оперативная, фактически это прокат. Это форма, когда оборудование можно получить только на определённое время.

Таким образом, оборудование не нужно продавать и покупать, и, следовательно, не нужны крупные денежные средства.

Фактически лизинг—это форма материально-технического снабжения производства с одновременным кредитованием клиента.

Assignment 4. Answer these questions on the text.

1. Когда был изобретён "лизинг"?
2. Какую цель приследовал "лизинг"?
3. В каких случаях может оказать помощь предпринимателю лизинговая торговая фирма?
4. Как погашает предприниматель стоимость оборудования, взятого в пользование?

5. В чём состоит отличие лизинга от аренды?
6. По какой стоимости выкупает предприниматель оборудование через несколько лет?
7. Какие формы лизинга существуют?
8. В чём заключается особенность второй формы лизинга?

Assignment 5. In the text, find sentences with adverbial participial phrases. Then make a list of the adverbial participles found in these phrases and determine the verbs from which they have been formed.

Assignment 6. Replace the sentences containing adverbial participles found in Assignment 5 with the following synonymous constructions:

a. a sentence with compound predicates, that is, a sentence with two or more verbs in the past or present tense.
b. a complex sentence whose dependent clause expresses the same relationship to the predicate as that of the adverbial participle. This relationship may be temporal as in the following example or it may be a relationship of cause, concession or condition.

Example:
Это необходимое оборудование фирма сдаёт в пользование, *оставаясь его владельцем.*
a. Это необходимое оборудование фирма сдаёт в пользование и остаётся его владельцем.
b. Это необходимое оборудование фирма сдаёт в пользование, пока она остаётся его владельцем.

READING 2: ДЕЛОВЫЕ ЛЮДИ

Андрей Анфимов почти всю жизнь прожил в Литве. Его отец—русский, а мать—литовка.

Окончив институт и получив специальность инженера, Андрей начал работать в городе Каунасе на заводе.

Читая в газетах о возникновении кооперативов и заинтересовавшись работой кооператоров, он решил испробовать свои способности в коммерческой деятельности.

Сначала он решил открыть небольшой рыбный ресторан, в котором каждый посетитель сможет выбрать для себя рыбу в огромном аквариуме, а повар немедленно зажарит эту рыбу.

Открыв такой ресторан, но потерпев неудачу, Андрей решил организовать спортивный женский клуб, но и эта его идея не осуществилась.

Наконец, в 1987 году, организовав кооператив "Информсервис", Андрей Анфимов стал его председателем.

В Каунасе много деловых людей, занимающихся бизнесом. Их коммерческая деятельность приносит им большой доход. Вместе с Андреем Анфимовым они организовали в Каунасе "Союз деловых людей", "Ассоциацию предпринимателей" и "Клуб бизнесменов". также во главе с Анфимовым. Учредив благотворительный фонд, деловые люди Каунаса помогают тем, кто нуждается в их материальной помощи.

Так, Андрей Анфимов, бывший инженер, стал миллионером.

И сейчас он мечтает не о покупке автомобиля, а о покупке личного самолёта. Ему часто приходится летать по делам в разные города России.

Купив самолёт, я получу возможность осуществлять деловые поездки, не думая о билетах и расстоянии, — говорит Андрей Анфимов.

Assignment 7. Answer these questions on the text.

1. Где живёт Андрей Анфимов?
2. Какую специальность он получил после окончания института?
3. В какой области решил начать работу Андрей?
4. Чем решил заниматься Андрей?
5. Как он начал свою деятельность предпринимателя?
6. Что принесло ему успех?
7. Что организовали в Каунасе другие бизнесмены во главе с Андреем?
8. Чем занимается благотворительный фонд, организованный в Каунасе?
9. О чём мечтает в настоящее время Андрей Анфимов?
10. Почему Андрея Анфимова можно назвать "деловым человеком"?
11. Каким характером обладает Андрей Анфимов?

Assignment 8. List the adverbial participial phrases and the adverbial participles in the text. Then write the verbs from which the participles have been formed and the aspect of these verbs.

Assignment 9. Following the example, replace the adverbial phrases found in Assignment 8 with synonymous constructions:

a. Replace them with simple sentences containing two verbs.
b. Replace them with complex sentences.

Example:

Начав заниматься коммерческой деятельностью, Андрей возглавил большой кооператив "Информсервис".

a. Андрей начал заниматься коммерческой деятельностью и возглавил большой кооператив "Информсервис".
b. Когда Андрей начал заниматься коммерческой деятельностью, он возглавил большой кооператив "Информсервис".

Assignment 10. Form present adverbial participles with the suffix *a* or *я* from the following imperfective verbs: оканчивать, получать, открывать, организовывать, помогать, покупать, осуществлять, заниматься, мечтать.

Assignment 11. Form past adverbial participles using the suffix *в* or *вш* from the following perfective verbs: прочитать, решить, испробовать, выбрать, организовать, стать, получить.

Assignment 12. Create five sentences with the adverbial participles formed in assignments 10 and 11.

Assignment 13. Briefly summarize Text 2, using the questions on the text.

HUMOR: "СЛИШКОМ ВЕЛИК РИСК"

Английский миллионер, старик, решил застраховать верность своей жены. Представитель страховой фирмы после встречи с "объектом страховки", 22-летней красавицей, заявил:
—Страховка не состоится. Слишком велик риск.

PROVERBS AND SAYINGS

Что написано пером, того не вырубить топором.
No axe can cut out what a pen has written about.

Лучше с умным потерять, чем с дураком найти.
It is better to lose with a wise man than to find with a fool.

Жизнь прожить—не поле перейти.
Life is not a bowl of cherries.

Москва слезам не верит.
Moscow is not swayed by tears.

Старый друг лучше новых двух.
An old friend is better than two new ones.

Худой мир лучше доброй ссоры.
Even a feeble peace is better than a good fight.

WORDS AND EXPRESSIONS IN THE TEXTS

билет	ticket
благотворительный фонд	charitable fund
вести торговлю (с кем?)	to trade, to do business
гасить/погасить (что?)	to cancel, to liquidate
денежные средства	monetary means
деньги	money
думать (о ком?)(о чём?)	to think
заказ	order
заказчик	client, customer
заказывать/заказать (у кого?)(что?)	to order
клиент	client
клиентура	clientele
кооператив	cooperative
кооперативный	cooperative
кооператор	member of a cooperative
кредитование	crediting
кредитовать (кого?) (что?)	to credit
летать/лететь (куда?)	to fly
летать по делам (с какой целью?) (куда?)	to fly on business
личный самолёт	private airplane
мечтать (о ком?)(о чём?)	to dream (daydream)
мечтатель	dreamer
мечта	dream
налог	tax
уплата налога	payment of a tax
налогоплательщик	taxpayer
нуждаться (в чём?)	to be in need
нуждаться в материальной помощи	to be in need of material help
облегчать/облегчить (кому?)(что?)	to make easier, to ease
оборудование (чего?)	equipping
оборудовать (что?)	to equip
перечисление платежей	transfer of payments
перечислять/перечислить платежи	to transfer payments
платёж, платежи	payment, payments
платить/заплатить (что?)(кому?) (за что?)	to pay

польза	use, advantage, benefit, profit
прокат	hire, rental
сдавать в прокат	to rent
брать на прокат	to rent (for a designated period)
расстояние	distance
реализация (чего?)	realization
реализовать (что?)	to realize
сдавать/сдать в пользование	to hire, to let out for use
снабжать (кого?)(чем?)	to provide, to furnish, to supply
снабжение (кого?) (чего?)(чем?)	provision, furnishing, supply
средства производства	means of production
стоимость (чего?)	value, cost, price
конечная стоимость	final value, cost
остаточная стоимость	remaining value
первоначальная стоимость	initial value
прибавочная стоимость	surplus value
торговая фирма	trading company, leasing firm
торговый дом	business place, business house
удобно	conveniently
удобный	convenient
удобство	convenience, comfort
финансовая форма	form of financing

Lesson 6

Dialogue: Приглашение в ресторан

Мистер Смит: Алло! Будьте добры, попросите пожалуйста миссис Браун.

Миссис Браун: Да, я вас слушаю.

Мистер Смит: А это вы миссис Браун? Я вас не узнал. Как ваши дела?

Миссис Браун: Спасибо. Всё хорошо. А как вы? Вы открыли тогда счёт в банке?

Мистер Смит: Да, конечно. А вы помните, что обещали со мной поужинать?

Миссис Браун: С большим удовольствием!

Мистер Смит: Вы свободны сегодня вечером?

Миссис Браун: Кажется, да ... я заканчиваю работу на фирме в 5 часов.

Мистер Смит: Отлично! А в какой ресторан вы бы хотели пойти? Я в Москве всего несколько дней, поэтому ещё не знаю московских ресторанов.

Миссис Браун: Я тоже не очень ещё хорошо знаю Москву, но у меня есть журнал, где есть небольшой список ресторанов и их адреса. Мы можем вместе выбрать.

Мистер Смит: Прекрасно. Тогда, может быть, я зайду за вами на фирму? И мы решим в какой ресторан пойдём и вместе поедем туда.

Миссис Браун: Конечно, по-моему, это хорошая идея. Я вам сейчас скажу свой адрес.

Мистер Смит: Да, я слушаю....

Миссис Браун: Записываете?

Мистер Смит: Да, да, пожалуйста.

Миссис Браун: Улица Планетная, дом 8. Если вы поедете на метро, то надо доехать до остановки Аэропорт, выйти из метро и идти направо. Минут семь вы идёте прямо, никуда не сворачивая, и увидите улицу Планетную. Она перпендикулярна той улице, по которой вы идёте. Затем вы повернёте налево и сразу же увидите нашу фирму. Это трёхэтажный дом. Я буду ждать вас у входа в 5 часов 30 минут. Вас устраивает это время?

Мистер Смит: Да, всё в порядке. Я буду там в 5 часов 30 минут.

Миссис Браун: До встречи.

Exercise 1. Пригласите партнёра по бизнесу, коллегу по работе, друга, или подругу в ресторан, театр, и.т.д. (Invite a business partner, colleague, or friend to a restaurant, to the theatre, or another place.)

Exercise 2. Ответьте на вопросы. (Answer these questions.)

1. Какую кухню вы предпочитаете?
2. Какое ваше любимое блюдо?
3. Какие блюда традиционны для вашей кухни?

Effective Business Communication:
Expressing Purpose in Simple and Complex Sentences

To justify their performance, explain their short-term course of action, and project long-term plans and future goals, individuals and commercial enterprises frequently must answer the questions, "зачем," "для чего," "с какой целью," and "в каких целях." Their answers express the purpose or goal of their actions.

PURPOSE EXPRESSED IN SIMPLE SENTENCES

In simple sentences in Russian, purpose can be expressed in several ways.

1. By an infinitive after a verb of motion:

Представитель фирмы поехал в Европу *ознакомиться* с новой политикой цен.
The firm's representative went to Europe to acquaint himself with the new pricing.

2. By a noun in the instrumental case after the preposition "за" following a verb indicating motion:

Кассир отправился в банк *за получением* необходимых кредитов.
The cashier went to the bank to receive the necessary credits.

3. By a verbal noun in the genitive case after the preposition "для":

Для расширения торговли фирма пускает в оборот [в дело] почти все полученные [заработанные] деньги.
For the expansion of trade, the firm rolls over almost all the earned money into the business.

4. By a verbal noun in the genitive case after the prepositional phrase, "с целью" or "в целях":

С целью (в целях) увеличения торгового оборота фирма пользуется сенсационной рекламой.
For increasing the volume of trade, the firm uses sensational advertisements.

In some instances nouns formed from verbs, such as *увлечение*, play an important role in expressing purpose. These verbal nouns usually express the process or result of an action.

Assignment 1. Determine from which verbs these verbal nouns have been formed: получение, расширение, увеличение.

Assignment 2. Form verbal nouns for these verbs.

1. подписать
2. углублять
3. соединять
4. приобретать
5. составлять
6. внедрять
7. пригласить
8. предоставлять
9. разделять
10. понимать

Assignment 3. Finish the following sentences:

1. Для получения экономического образования ...
2. С целью изучения новых биржевых цен...
3. Для развития рыночной экономики...
4. В целях обеспечения стабильности цен...
5. За получением нового оборудования...

Assignment 4. Create five sentences with the prepositions, *для, с целью, в целях*, and *за*.

PURPOSE EXPRESSED IN COMPLEX SENTENCES

Subordinate clauses of purpose answering the question "зачем," "для чего," "с какой целью," or "в каких целях" are joined to the main clause by the subordinating conjunctions, "чтобы" and "для того, чтобы." The predicate in these subordinate clauses may be an infinitive or a verb in the past tense.

If the subjects of the main clause and of the dependent clause are the same, then the infinitive of the predicate verb follows "чтобы."
Example:
Ежедневно биржа выводит и обнародует средние цены, чтобы дать ориентир рынку следующего дня.
The stock market posts and publishes the average prices in order to give direction to the next day's market.

If the subjects of the main clause and of the dependent clause are not the same, then the predicate of the dependent clause appears in the past tense after the subordinating conjunction "для того, чтобы."

Example:
Специальные правила и законы вводятся на бирже для того, чтобы работа её стала полноценной.
Special rules and regulations are introduced at the stock market so that its work should be in accordance with requirements.

Assignment 5.   Explain the form of the predicate verb in the dependent clauses of these sentences.

1. Главы ведущих государств Запада встречались в Лондоне, чтобы помочь странам СНГ в создании рыночных отношений.
2. Страны СНГ имеют возможность использовать опыт западных государств для того, чтобы преобразовать планово-командную экономику в экономику рыночную.
3. Эффективные торгово-экономические связи между странами должны осуществляться на реальной экономической основе, чтобы успешно решались фундаментальные экономические задачи.
4. Чтобы рынок успешно развивался, необходимо учитывать национальные особенности развития различных регионов.

Assignment 6.   Transform the following simple sentences into complex sentences by replacing prepositional phrases beginning with "для," "за," and "с целью" with dependent clauses of purpose according to the example.

Example:
Для составления финансового отчёта экономисты использовали необходимые документы.
Чтобы составить финансовый отчёт, экономисты использовали необходимые документы.

1. Для развития экономики необходимо привлечение долгосрочных кредитов.

2. Экономисты советуют использовать иностранные инвестиции в целях развития экономики.
3. Система "Microsoft Works" имеет всё необходимое для ведения бухгалтерского учёта.
4. Система "Microsoft Works" используется также для хранения всей необходимой информации о товарах.
5. Сотрудник фирмы был послан в бюро за компьютерными данными о системе товарооборота.
6. С целью изучения товарооборота за последние пять лет были изучены необходимые компьютерные данные.

READING 1: ИНСТИТУТ КАТОНА

Институт Катона, основанный в Америке в 1977 году, это общественная организация по исследованию политических проблем. Институт распространяет информацию о политических дискуссиях, чтобы более широко обсуждались различные политические точки зрения. Научные публикации института доказывают, что сегодня все аспекты человеческой жизни зависят от экономики. Ежедневно увеличивается число социальных проблем и их сложность.

Институт Катона выпускает множество публикаций, чтобы не допустить вмешательства правительства в частные коммерческие сделки.

Книги, монографии и другие работы института предназначены для изучения федерального бюджета, социального страхования, международной торговли и множества других вопросов.

В целях сохранения независимой позиции институт Катона не принимает государственной финансовой поддержки. Его источник доходов — это деньги от продажи публикаций и добровольные взносы от фондов, корпораций и отдельных частных лиц. Институт Катона — некоммерческая просветительская организация.

Assignment 7. Answer these questions on the text.

1. Где и когда был основан институт Катона?
2. Чем занимается этот институт?
3. Что доказывают публикации этого института?
4. Для чего предназначены научные исследования этого института?
5. Какой источник доходов института Катона?
6. Почему эта организация не принимает государственной финансовой поддержки?

Assignment 8. Find in this text simple and complex sentences expressing purpose. For the complex sentences that express purpose, explain the form of the predicate in the dependent clauses.

Assignment 9. Create five simple sentences expressing purpose with the prepositions, "для," and "с целью (в целях)"; then write complex sentences expressing purpose with the conjunction, "чтобы" (для того чтобы).

READING 2: "КАЙМАНЫ" АРГО ФЕДРИГО

В 1991 году в Москве проводилась выставка "Быт Италии-91." Эту выставку организовал и провёл один из ведущих в Западной Европе центров экономической и внешнеторговой деятельности "Фьера Милано."

Многие итальянские фирмы, чтобы установить сотрудничество с Россией, привезли в Москву свои товары, технологию и оборудование.

Бизнесмен граф Арго Федриго был одним из участников этой экспозиции. Арго Федриго владеет четырьмя заводами, которые выпускают бытовые ножи. Крокодил-кайман с разинутой пастью — торговая марка этой фирмы.

Эти ножи обладают самым высоким качеством: они не гнутся, не ломаются, не ржавеют, а своей остротой ножи напоминают зубы каймана. "Я хочу построить завод в России и приехал в Москву, чтобы найти партнёра," говорит Арго Федриго.

Для работы на заводе необходимы квалифицированные специалисты, технически грамотные кадры. С целью повышения квалификации рабочих Федриго хочет организовать шестимесячные курсы, которые будут работать при заводе.

В настоящее время фирма "Каймана" выпускает 104 тысячи ножей в день. Чтобы мощность фирмы не упала, необходимо стабильное энергоснабжение и надёжная обеспеченность завода водой.

Ножи "Каймано"—это 120 различных моделей: ножи, чтобы резать хлеб, мясо, овощи. Кроме того, это карманные и перочинные ножи.

Assignment 10. Answer these questions based on the text.

1. Где и когда организована выставка?
2. Кем была организована выставка?
3. Кто принял участие в выставке?
4. Что привезли в Москву участники выставки?
5. С какой целью принял участие в выставке бизнесмен Арго Федриго?
6. Какую продукцию выпускает фирма Арго Федриго?

7. Что представляет собой марка фирмы Арго Федриго?
8. Для чего хочет организовать шестимесячные курсы Арго Федриго?
9. Что необходимо, чтобы не упала мощность фирмы?
10. Для какой цели используются ножи фирмы "Каймано"?

Assignment 11. List the simple and complex sentences expressing purpose found in this text; then replace simple sentences expressing purpose with complex sentences expressing purpose.

Assignment 12. Form verbal nouns from the following verbs and then create sentences using these verbal nouns.

1. проводить
2. установить
3. оборудовать
4. построить
5. повысить
6. снабжать
7. обеспечить

Assignment 13. Determine the cases that these verbs require in the text; then create your own sentences with them.

1. организовать
2. установить
3. привезти
4. владеть
5. выпускать
6. обладать
7. построить
8. найти

HUMOR: ЛОГИКА ФИНАНСИСТОВ

Британское Адмиралтейство запросило у министерства финансов по шесть пенсов в день для питания кошки Падди, живущей в здании Адмиралтейства.

Министерство финансов ответило:

"В Адмиралтействе или нет мышей, тогда нет необходимости в кошке, или есть мыши, но тогда кошка может сама ими питаться. В просьбе отказать".

PROVERBS AND SAYINGS

Кончил дело—гуляй смело.
When work is done, it is time for fun.

Копейка рубль бережёт.
Penny wise, pound wise.

Красна птица пером, а человек умом.
A bird is judged by its plummage; a man by his wit.

Уговор дороже денег.
A promise is dearer than money.

Делу время, а потехе час.
Business before pleasure.

Не то забота, что много работы, а то забота, как её нет.
Worry when there's not enough work, not when there's a lot.

WORDS AND EXPRESSIONS IN THE TEXTS

бизнес	business
бизнесмен	businessman
быт	way of life
бытовая обстановка	everyday conditions
ведущий центр	leading center
вести (кого?) (что?)	to lead, to guide
выпуск (чего?)	output
выпуск продукции	output of production
выпускать (что?)	to produce
выставка	exhibit
проводить выставку	to conduct an exhibit
гнуть (что?)	to bend, to be flexible
гнуться	to bend
грамота	literacy
грамотный	literate
грамотные кадры	literate cadres
зуб	tooth (of a person, saw, knife)
крокодил—кайман	crocodile—cayman
курсы	courses
ломаться	to break
нож	knife
бытовые ножи	common household knives
обладать (чем?)	to possess

оборудование (чего?)	equipping
острый	sharp
пасть	jaws
разинутая (открытая) пасть	wide open jaws
ржаветь	to rust
ржавчина	rust
ржавый	rusty
сотрудник	coworker
сотрудничать (с кем?)	to cooperate
сотрудничество	cooperation
установить сотрудничество (с кем?)	to establish cooperation
торговая марка	trademark
торговля (чем?)	trade, commerce
внутренняя торговля	internal trade
внешняя торговля	external (foreign) trade
внешнеторговая деятельность	foreign trade activity
участие (в чем?)	participation
принять участие (в чем?)	to take part in
участник	participant
участвовать (в чем?)	to participate in
экономика	economy
экономист	economist
экономическая система	economic system
экономический	economic
экономический центр, институт	economic center, institute
энергоснабжение	energy supply

Lesson 7

Dialogue 1: Выбор ресторана
Миссис Браун: А вот и я, мистер Смит. Простите, я немного опоздала.
Мистер Смит: Ну что вы, я так рад вас видеть, миссис Браун.
Миссис Браун: Я тоже очень рада нашей встрече. Вот мой список.
Мистер Смит: Давайте посмотрим его и выберем какой-нибудь ресторан.
Миссис Браун: Мне кажется, что неплохо было бы пойти в ресторан на Страстном бульваре. Во-первых, он находится в центре, а во-вторых, я надеюсь, что там будет русская кухня.
Мистер Смит: Вот и прекрасно. Я тоже с удовольствием попробую русские национальные блюда.
Миссис Браун: Кажется идёт свободное такси...
Мистер Смит: Да...Сейчас я его поймаю.

Dialogue 2: В такси
Мистер Смит: Скажите, пожалуйста, вы свободны?
Водитель такси: Да, свободен. А куда ехать?
Мистер Смит: Вы не отвезёте нас на Страсной бульвар, дом 7?
Водитель такси: А что там?
Мистер Смит: Это ресторан.
Водитель такси: Отвезу. Садитесь. Какой номер дома вы сказали?
Мистер Смит: Дом номер 7.
Водитель такси: Вот и ваш ресторан.
Мистер Смит: Спасибо большое. Сколько я вам должен?

Мистер Смит ему показывает тысячи рублей.

Водитель такси: Достаточно.
Мистер Смит: Вот, пожалуйста. Сдачи не надо.
Водитель такси: Спасибо. Желаю приятного вечера.
Мистер Смит: Благодарю вас.
Миссис Браун: Спасибо. До свидания.
Водитель такси: До свидания.

Exercise. Возьмите такси. Попросите водителя довести вас до ресторана. Составьте небольшой диалог на заданную тему, используя лексику учебного диалога. (Catch a taxi. Ask the driver to take you to a restaurant. Compose a short dialogue on the assigned subject, using the vocabulary of the text dialogue.)

Effective Business Communication: Expressing Cause and Effect in Simple and Complex Sentences

Businesses as well as individuals frequently must describe the causes and effects of the decisions they have made. In Russian, causes and effects are expressed with the help of prepositions and conjunctions.

ADVERBIAL PHRASES INDICATING CAUSE IN SIMPLE SENTENCES

Prepositions and prepositional phrases used to express the cause of an action in simple sentences are *от* or *из-за* (with the genitive case) and *по* or *благодаря* (with the dative case). Some are used primarily in scientific discourse: *в результате* or *вследствие* (with the genitive case) or *в связи с* (with the instrumental case), for instance, are used primarily in scientific discourse.

Pattern Sentences.
1. *Из-за отсутствия* транспорта груз остался неотправленным.
   Because of the absence of transportation, the freight remained unsent.
2. *По совету* специалистов было закуплено самое современное оборудование.
   On the advice of specialists the most modern equipment was purchased.
3. Успех в работе во многом зависит *от квалификации и подготовки* специалистов.
   Success in work depends primarily on the qualifications and preparation of specialists.
4. *Благодаря своевременной помощи* специальной комиссии проблема была решена.
   Thanks to the timely assistance of the special commission, the problem was resolved.
5. *В результате изменения* экономической политики страна выбралась из состояния кризиса.
   As a result of the change in economic policy, the country extracted itself from a crisis condition.
6. *Вследствие плохой организации* работы предприятие терпит убытки.
   As a consequence of the poor organization of the work, the enterprise is experiencing losses.
7. *В связи с наступлением* зимы поставки продовольствия в северные районы прекратились.
   With the arrival of winter, delivery of provisions to northern regions ceased.

Assignment 1. Finish the following sentences.

1. Контракт не был подписан из-за...
2. Ошибки в расчётах были допущены по...
3. Добыча алмазов в Якутии за последние 20 лет составляла около 30 млн. карат в год в связи...
4. Цена русских алмазов на мировом рынке выше африканских и австралийских вследствие...
5. Благодаря получению государственного кредита...
6. Вследствие неумелой деятельности компании...
7. В результате тесного сотрудничества обеих фирм...
8. В связи с получением новых данных от директора компании...
9. Из-за плохой подготовки...

Assignment 2. Create two simple sentences with each of these prepositions and prepositional phrases indicating cause—*от, из-за, по, в связи с, вследствие, благодаря,* and *в результате*—and the appropriate case.

COMPLEX SENTENCES INDICATING CAUSE

The cause of the action or condition in the main clause of a complex sentence can also be explained by dependent clauses beginning with compound conjunctions, such as, *потому что, оттого что, так как (т.к.), ибо,* and others.   *Ибо,* an archaic form, may appear in scientific speech. The conjunctions, *потому что* and *оттого что,* are colloquial. Observe how these conjunctions and *так как* are used in pattern sentences.

Pattern Sentences.
1. Женские и мужские часы "Слава" Московского часового завода пользуются спросом на мировом рынке, *потому что (оттого что)* отличаются высокой точностью и надёжностью.
   Women's and men's watches of the Moscow watch factory, Slava, are much in demand in the world market because they are noted for their accuracy and reliability.
2. *Так как* часы "Слава" отличаются точностью, надёжностью и разнообразием моделей, их конкурентноспособность на мировом рынке обеспечена.
   Because Slava watches excel in accuracy, reliability, and variety of models, their competitiveness in the world market is guaranteed.
3. Фирма "Слава" осуществляет широкую экономическую деятельность, *так как* закупает оборудование для производства часов за рубежом.
   The firm, Slava, carries out worldwide economic activity because it buys equipment for watch production abroad.

In Russian, a dependent clause is always separated from the main clause by a comma. With compound conjunctions, such as *потому что* and *оттого что*, the comma may appear before both elements. The first element of the conjunction is a part of the main clause; the second is a part of the dependent clause. When the parts of *потому что* and *оттого что* by a comma, these compound conjunctions more forcefully emphasize the cause that follows. Non-native Russians might overlook the emphasis achieved by this stylistic variation in writing. Observe this difference in the following sentences.

1a. Фирма провела анализ деятельности основных своих конкурентов, *потому что* этот анализ является одним из важнейших элементов исследования рынка.
Because analysis of the activities of one's principal competitors is one of the most important elements of market research, the firm conducted this analysis.

1b. Фирма провела анализ деятельности основных своих конкурентов *потому,* *что* этот анализ является одним из важнейших элементов исследования рынка.
The firm conducted an analysis of the activities of its principal competitors because it is this analysis that constitutes one of the most important elements of market research.

2a. Заседание не состоялось, *оттого что* не все члены правления собрались.
Because not all the members of the board of directors were present, the meeting did not take place.

2b. Заседание не состоялось *оттого,* *что* не все члены правления собрались.
The meeting did not take place primarily because not all the members of the board of directors were present.

Dependent clauses beginning with *потому что* and *оттого что*, unlike those in English beginning with *because,* may not precede the main clause of a complex sentence as shown above. Dependent clauses introduced by *так как*, however, may appear before or after the main clause. When they appear before the main clause, the word, *то,* may be found at the beginning of the main clause as in the example below. Compare these two sentences.

Биржа закрылась раньше обычного, *так как* все валютные операции были заключены.
The exchange closed earlier than usual because all the hard currency operations were concluded.

Так как все валютные операции были закончены, *то* биржа закрылась
раньше обычного.
Because all the hard currency operations were concluded, the exchange
closed earlier than usual.

Corresponding to *благодаря, вследствие, в связи с* and other
prepositions and prepositional phrases that express cause in simple sentences
are *благодаря тому что, вследствие того что, в связи тем что* and
other subordinating conjunctions that express cause in complex sentences.
*Благодаря тому что, в результате того что, в связи с тем что,
ввиду того что,* and *из-за того что* are used in scientific, journalistic,
and official speech. Observe how these subordinating conjunctions are used.

Pattern Sentences.
1. Благодаря тому что существуют определённые цифровые данные,
   можно легко проверить работу фирмы.
   Thanks to the fact that specific statistical data exist, the firm's work may
   be easily verified.
2. Цифровые данные в маркетинге необходимы вследствие того, что
   цели в маркетинге всегда имеют чёткую коммерческую
   направленность.
   Statistical data are essential in marketing as a consequence of the fact that
   marketing goals always have a clear-cut commercial aim.
3. В связи с тем, что долгосрочные, средние и краткосрочные цели
   маркетинга обязаны находиться в определённом соотношении,
   взаимодополнять друг друга, выдвижением этих целей занимается
   руководство фирмы.
   The management of the firm is concerned with the advancement of
   objectives, so long-, medium-, and short-term marketing goals must be in
   a specific correlation: they must mutually complement one another.

Assignment 3. After reading and comparing the sentences in the following
tables, create questions including the italicized words.

Table 1. Expressing Cause in Simple Sentences

Sentences	Prepositions	Conjunctions
1. Фирма получила значительную прибыль *благодаря поставке* за рубеж большой партии товаров.	благодаря + Дат. п.	——
2. Фирма понесла убытки *из-за устаревшего оборудования.*	из-за + Р. п.	——

Table 2. Expressing Cause in Complex Sentences

Sentences	Prepositions	Conjunctions
1. Фирма получила значительную прибыль *благодаря тому, что поставляла за рубеж большую партию товаров.*	____	благодаря тому, что
2. Фирма понесла убытки *из-за того, что оборудование было устаревшее.*	____	из-за того, что

Assignment 4.   Transform the following simple sentences into complex sentences by using these subordinating conjunctions: *благодаря тому что, вследствие того что, в связи с тем что,* and *из-за того что.*

1. Фирма выполнила свои обязательства благодаря высококвалифицированному персоналу.
2. Фирма не выполнила своих обязательств из-за финансового кризиса.
3. Фирма выпустила на рынок новые товары благодаря приобретению нужного оборудования.
4. Благодаря детальному анализу спроса на рынке фирма изменила своё финансовое планирование.
5. Фирма потерпела убытки из-за невнимания к запросам покупателей.
6. Благодаря изучению и анализу самых важных элементов маркетинга фирма смогла раширить свою деятельность.
7. Из-за отсутствия транспорта груз не был доставлен на базу вовремя.

COMPLEX SENTENCES INDICATING CONSEQUENCE

Dependent clauses of consequence indicate the effect, outcome, or conclusion drawn or produced by the statement in the main clause; therefore, dependent clauses of consequence always appear after the main clause and are joined to it by the conjunction *поэтому* as   shown in these pattern sentences.

Pattern Sentences.
1. Цены на бензин значительно выросли, поэтому увеличились расходы на транспорт.
   The price of gasoline grew significantly; therefore, the cost of transportation increased.

2. Фирма "Слава" заинтересована в международном сотрудничестве, поэтому приглашает своих коллег из других стран на работу в Москву.

The company, Slava, is interested in international cooperation; therefore, it invites its colleagues from other countries to work in Moscow.

Assignment 5. Transform these sentences by replacing the subordinating conjunctions by the conjunction, *поэтому*.

1. Предприятие закрыло производство товара *вследствие того, что* данный товар не пользуется достаточным (нужным) спросом.
2. *В результате того что* предприятие начало производить новый товар, изменилась структура предприятия.
3. *Так как* структура предприятия не ограничена определёнными рамками, *то* она может свободно меняться.
4. Сотрудники предприятия получают высокие дивиденты *благодаря тому, что* обладают способностью реализовать любой новый проект.

Assignment 6. Create a complex sentence from the two simple ones here by (1) joining them according to the example first with conjunctions of cause; (2) then with the conjunction of consequence, *поэтому*:

a. Студенты-экономисты получили широкую подготовку по своей профессии.
b. Студенты-экономисты рассчитывают в будущем получить работу в крупных фирмах.
(1) Студенты-экономисты рассчитывают в будущем получить работу в крупых фирмах, так как они получили широкую подготовку по своей профессии.
(2) Студенты-экономисты получили широкую подготовку по своей профессии, поэтому они рассчитывают в будущем получить работу в крупных фирмах.

1. Молодые бизнесмены приняли активное участие в организации выставки. На выставке было много товаров, рекомендуемых покупателям впервые.
2. Новый сотрудник фирмы проявил инициативу, настойчивость в решении самых сложных вопросов. Руководство фирмы высоко оценило работу своего нового сотрудника.
3. Участие в работе биржи требует большого опыта и подготовки. Начинающие бизнесмены в течение длительного времени знакомятся с работой биржи.

READING 1: ЭРИФАН ХАУБ

Эрифан Хауб (Германия) управляет самой крупной системой розничной торговли в мире. Торговой оборот его "империи" составляет 40 миллиардов марок. Его "империя" состоит из пяти тысяч супермаркетов и огромной сети магазинов удешевлённых товаров.*

Эрифан Хауб превзошёл всех конкурентов прежде всего потому, что сам инвестирует деятельность своей фирмы.

"Слава богу, я не завишу ни от каких кредитодателей, а поэтому я полностью независим," —говорит Хауб.

Эрифан Хауб известен в мире бизнеса как Эмиль Тенгельман. Он не пользуется своим настоящим именем, т.к. не любит "публисити." Сейчас Эрифану Хаубу 57 лет. Он сын фермера. Уже в юности он отличался умом, осторожностью и предусмотрительностью.

В 1969 году, после смерти своего дяди, он получил в наследство только половину его фирмы, потому что вторую половину получили сыновья дяди. Но практически управлять всей фирмой начал Эрифан Хауб, т.к. способности коммерсанта, умение действовать решительно и быстро проявились уже с самого начала его деятельности.

Все заработанные деньги Хауб, как правило, сразу же пускает в дело. Торговый оборот его фирмы в конце шестидесятых годов равнялся 1.3 миллиарда марок.

А в настоящее время он является владельцем самого большого предприятия розничной торговли, которое находится целиком и полностью в одних руках, в руках Эрифана Хауба. Это предприятие уникально, т.к. другого такого торгового гиганта с одним хозяином в мире пока нет.

В борьбе за рынок будущего Хауб ассигнует ежегодно самые крупные суммы денег, поэтому темпы его торговой экспансии непрерывно растут.

*Note the difference in meaning and case governed by "составлять" ("amounts to" and the accusative case) and "состоять" ("to consist of" with *из* and the genitive case).

Состояние Хауба составляет 40 миллиардов марок.
(Что—составляет—что.)
Haub's fortune amounts to 40 billion marks. (Something amounts to something.)

Его "империя" состоит из пяти тысяч супермаркетов.
(Что—состоит—из чего.)
His empire consists of five-thousand supermarkets. (Something consists of something.)

Assignment 7. Answer these questions based on the text.

1. Кем является Эрифан Хауб?
2. Что представляет собой сфера его деятельности?
3. Чем можно объяснить большой успех Эрифана Хауба в бизнеса?
4. Какие черты характера помогают Хаубу в его деятельности?
5. Как начал свою деятельность в области бизнеса Эрифан Хауб?
6. Чем отличается в настоящее время система торговли Хауба?
7. Какие задачи ставит перед собой Эрифан Хауб?

Assignment 8. Determine the prepositional phrases and cases used with the following verbs and then compose sentences with each of these verbs: зависеть, инвестировать, пользоваться, отличаться, получать, управлять, равняться, являться, ассигновать, владеть

Assignment 9. Find complex sentences of cause and consequence in the text.

Assignment 10. Finish the following sentences:

1. В мире бизнеса имя Эрифана Хауба широко известно, так как...
2. Сеть торговых предприятий Хауба непрерывно расширается, потому что...
3. Торговый оборот фирмы Хауба непрерывно растёт, так как...
4. Эрифан Хауб сам инвестирует деятельность своей фирмы, поэтому...

Assignment 11. Create complex sentences of cause and consequence by using *так как, потому что,* and *поэтому.*

READING 2:
СКУЧНАЯ ЖИЗНЬ САМОГО БОГАТОГО ЧЕЛОВЕКА

Султан Хассанал Балкиах—самый богатый человек в мире. Его состояние составляет 37 миллиардов долларов. Его маленькое королевство площадью 5765 квадратных километров находится на острове Борнео и называется Бруней. В двух километрах от аэропорта находится дворец султана и дворцовая мечеть из золота. Во дворце 1876 комнат и гараж для 250 автомобилей, хотя дороги в маленьком государстве практически отсутствуют. У султана есть яхта, но он ненавидит море. У султана есть также две ревнивые жены, из-за которых он часто находится в плохом настроении.

Все вклады султана размещены за границей. А в его апартаментах есть специальная комната с компьютерами, в которых зафиксировано всё его огромное состояние. С их помощью он может узнать его приблизительные размеры. Приблизительные потому, что каждый час султан богатеет на 4 миллиона долларов. Но деньги не убили в нём чувства. Как только он взошёл на трон в 1967 году, он женился на своей кузине, не обладающей привлекательной внешностью. Вскоре жена подарила ему 5 дочерей и одного сына. А в 1987 году султан безумно влюбился в стюардессу своего личного "боинга" Мариан.

Благодаря мусульманским законам султан смог жениться на Мариан. Вторая жена родила четверых детей: трёх дочерей и одного сына. Вследствие нового брака жизнь султана ещё более осложнилась из-за ревности первой жены.

Чем же занимается султан в своём королевстве? Султан Хассанал Болкиах не интересуется ничем, так как в душе своей он остался подростком и как все дети, играет в огромном королевстве со своими игрушками. У него есть электроорганы, самолёты, вертолёты, множество машин, у него есть королевская яхта, которая никогда не двигалась с места, так как Китайское море не очень гостеприимно.

Единственное, что интересует султан, а это поло. Регулярно он приглашает лучших игроков этого вида спорта, которым он платит золотом. Сам султан играет во главе команды, которая всегда выигрывает.

Когда султану надоедает жизнь на острове, он отправляется путешествовать по всему миру. Обычные люди во время путешествий живут в отелях и делают покупки в магазинах. Но султан Брунея всё делает наоборот. Он покупает отели и покупает магазины. Недавно он купил большой отель в Калифорнии.

После всех путешествий он возвращается в свой золотой дворец, и жизнь его течёт по-прежнему.

Assignment 12.   Answer these questions on the text.

1. Какую сумму составляет состояние султана Хассанала Болкиаха?
2. Где находится его королевство и какова его площадь?
3. Сколько комнат во дворце султана?
4. Сколько жён у султана?
5. Почему султан Хассанал Болкиах часто находится в плохом настроении?
6. Где размещены вклады султана?
7. Каким образом он узнаёт о размерах своего состояния?
8. На какую сумму султан богатеет каждый час?
9. Какова история его двух женитьб?

10. Чем интересуется султан?
11. Что делает султан, когда ему надоедает жизнь на острове?
12. Чем отличается образ жизни султана от других людей во время путешествий?
13. Как вы думаете, счастлив ли султан? Скучно ли ему?
14. Хотели ли бы вы оказаться на месте султана? Если да, то как бы вы проводили своё время?

HUMOR: ИЗОБРЕТАТЕЛЬ И КОММЕРСАНТЫ
After reading this story, students should retell it as an oral exercise.

В 1877 году Жустав Лаваль изобрёл сепаратор. В 1883 году было основано акционерное общество "Сепаратор." При организации общества Лаваль получил половину всех акций.

В 1908 году общество "Сепаратор" торжественно отмечало своё двадцатипятилетие.

Во время торжества директор общества сказал:
"Я очень удивлён, я не понимаю, почему не приехал на наш праздник господин Лаваль. Может быть он не получил нашего приглашения?"

"Господин Лаваль не получил приглашения, потому что я посылал приглашение только пайщикам нашего общества",—объяснил управляющий.

"Вы, наверное, забыли, что господин Лаваль получил половину всех акций при организации нашего общества",—сказал директор.

"Совершенно верно, но в настоящее время у господина Ловаля нет уже ни одной акции",—ответил управляющий.

PROVERBS AND SAYINGS
На вкус и на цвет товарища нет.
There is no accounting for taste.

Нет розы без шипов.
There is no rose without thorns.

Нет худа без добра.
Every cloud has a silver lining.

Хорошее начало полдела откачало.
Well begun is half done.

С глаз долой — из сердца вон.
Out of sight, out of mind.

С волками жить — по-волчьи выть.
Those who live with the wolves will become one of them.

WORDS AND EXPRESSIONS IN THE TEXTS

богатеть/разбогатеть	to grow rich
богатый	wealthy, rich
вклад	deposit, investment, endowment
владеть/завладеть (чем?)	to own
всходить/взойти	to ascend
всходить на трон или на престол	to mount the throne
выигрывать/выиграть (что?)	to win
гигант	giant
торговый гигант	trade giant
гостеприимно	hospitably
гостеприимство	hospitality
гость	guest
действие	action, effect
решительное действие	decisive action
смелое действие	bold action
дворец	palace
действовать	to act
действовать смело, решительно	to act boldly, decisively
деньги за работу	money for work
деньги пускать в дело	money to put into the business
деньги пускать в оборот	money to invest
деятельность	activity, work
деятельный человек	active, energetic person
жизнь	life
жизнь течёт по прежнему	life flows by as it formerly did
жизнь идёт	life goes on
зависеть (от кого?)	to depend
зависимость (от кого?)	subject to, depending on
зависимый (от кого?)	dependent on
независимый	independent
зарабатывать/заработать деньги	to earn money
известность	fame, reputation
известный (где?) (чем?)	famous
император	emperor
империя	empire
инвестировать (что?)(во что?)	to invest
инвестиция	investment
королева	queen

королевство	kingdom
король	king
мечеть	mosque
надоедать/надоесть (кому?) (что делать?)	to be sick of
наследовать (что?)(от кого?)	to inherit
наследство	inheritance
получать/получить в наследство	to receive as an inheritance
получать/получить наследство	to receive an inheritance
находиться в руках (кого?)(у кого?)	to be in someone's hands
осторожно	carefully, cautiously
осторожность	care, caution
осторожный	careful, cautious
подросток	juvenile, teenager
полностью	completely
целиком и полностью	in total
полезный	useful
превосходить/превзойти (кого?) (в чём?)	to surpass, to excel
предприятие	enterprise, business
предусмотрительно	prudently
предусмотрительность	foresight, prudence
предусмотрительный	prudent, far-sighted
проявлять/проявить предусмотрительность	to show foresight
размещать/разместить (что?)(где?)	to accommodate, to place, to quarter
ревнивый	jealous
ревновать (кого?)	to be jealous
ревность	jealousy
рынок (чего?)	market
рынок будущего	futures market
сеть магазинов	network of stores
система магазинов	system of stores
составление (чего?)	composition
составлять/составить (что?)	to put together, to constitute
состояние	fortune
состояние составляет	fortune amounts to
способность (к чему?)(что делать?)	talent, capacity
способный	talented, capable
темп роста	growth rate
темпы растут	rates increase

товар	goods
дешёвый товар	inexpensive goods
дорогой товар	expensive goods
удешевить товар	to reduce the price of goods
удешевлённый товар	discounted goods
товарный знак	trademark
товарный оборот	trade turnover
торговой оборот	trade turnover
торговля в розницу	engaging in retail trade
оптовая торговля	wholesale trade
розничная торговля	retail trade
ум	mind, intellect, wit
умение (что делать?)	ability, skill, know-how
уметь/суметь (что делать/сделать?)	to know how
умно	intelligently
умный	intelligent, smart
фиксировать/зафиксировать (что?) (где?)	to record
хозяин	owner, proprietor, master, boss
хозяйка	owner, proprietess, landlady
хозяйничать (где?)(с кем?)	to manage
хозяйство	economy, household
частично	partially
экспансия	expansion
яхта	yacht

Lesson 8

Dialogue: В ресторане

Мистер Смит и миссис Браун входят в ресторан.

Мистер Смит: Скажите пожалуйста, у вас есть свободные места?
Швейцар: Да, проходите пожалуйста. А сколько вас человек?
Мистер Смит: Нас двое.
Администратор: Пожалуйста, вот столик на двоих. Вас устрайвает
   это место?
Мистер Смит: Да, вполне.

Мистер Смит помогает миссис Браун сесть.

Миссис Браун: Спасибо. Правда, здесь очень приятно.
Мистер Смит: По-моему, неплохо.
Официант: Пожалуйста, вот меню.

МЕНЮ

ДНЁМ СКИДКА 15%

ЗАКУСКИ

ХОЛОДНЫЕ ЗАКУСКИ		*доллары США*
Масло сливочное	0-20	0-17
Икра кетовая	8-00	7-00
Икра зернистая	20-00	17-00
Лососина соленая	15-00	13-00
Бок осетра	10-00	9-00
Муксун, палтус, домашнего посола	8-00	7-00
Осетрина отварная	15-00	13-00
Судак слоеный крабами	8-00	7-00
Карп фаршированный	8-00	7-00
Поросенок фаршированный	10-00	9-00
Филе копченое	8-00	7-00
Язык отварной	10-00	9-00
Салат из свежих овощей с медом	8-00	7-00
Овощи натуральные	4-00	3-00
Помидоры фаршированные	10-00	9-00
Грибы маринованные	5-00	4-00
Салат "Весна"	5-00	4-00

доллары

ГОРЯЧИЕ ЗАКУСКИ

Рулетики	8-00	7-00
Грибы запеченные в сметанном соусе	12-00	10-00
Колдуны в сметанном соусе	10-00	9-00
Блины с икрой зернистой	25-00	22-00
Блины с икрой кетовой	12-00	10-00
Пельмены сибирские	10-00	9-00
Мидии в раковинах	10-00	9-00
Кокиль из мидий	15-00	13-00
Пирог блинчатый	8-00	7-00
Кокиль из осетрины	17-00	14-00

СУПЫ

Лапша грибная	4-00	3-00
Бульон с пикантными гренками	4-00	3-00
Луковый суп	4-00	3-00
Бульон с пельменями	4-00	3-00

БЛЮДА

РЫБНЫЕ БЛЮДА

Шашлык из судака	10-00	9-00
Шашлык из палтуса	12-00	10-00
Лососина жареная в кляре	17-00	14-00
Карп по-царски	10-00	9-00
Рыба в белках	10-00	9-00
Стерлядь в шампанском	10-00	9-00
Рыба "Орли" соус "тартар"	10-00	9-00
Осетрина жареная	15-00	13-00
Осетрина "Брошет"	17-00	14-00

МЯСНЫЕ БЛЮДА

Котлеты "Маришаль"	12-00	10-00
Фаршированная грудинка	15-00	13-00
Седло телячье с овощами	12-00	10-00
Ассорти мясное с сыром	12-00	10-00
Качан фаршированный	8-00	7-00
Бифштекс по-деревенски	12-00	10-00

ДЕСЕРТ

Пирожки с мясом	0-50	0-40
Пирожки с капустой	0-50	0-40
Пирожки с грибами	0-50	0-40
Мороженое	3-00	2-00
Чай	0-50	0-40
Кофе	0-50	0-40
Булочка	0-30	0-25

Мистер Смит: Миссис Браун, прошу вас, выбирайте.

Миссис Браун: Спасибо. Ну что же, начнём с холодных закусок. Я бы взяла икру зернистую и, пожалуй, ещё овощи натуральные. А что вы?

Мистер Смит: Я, наверное, тоже икру и салат из свежих овощей с мёдом.

Миссис Браун: Из горячих закусок я бы выбрала грибы, запечённые в сметанном соусе, а на второе — шашлык из палтуса.

Мистер Смит: А что вы будете на первое? Может быть, попробуете бульон с пельменями.

Миссис Браун: Я боюсь, что не смогу всё это съесть.

Мистер Смит: У нас есть время, миссис Браун. Я надеюсь, вы никуда не спешите?

Миссис Браун: Ну, что же, тогда давайте бульон с пельменями.

Официант: Вы уже выбрали?

Мистер Смит: Да, пожалуйста, 2 порции икры, одни овощи натуральные и один салат из свежих овощей с мёдом.

Официант: А из горячих закусок?

Мистер Смит: Две порции грибов, запечённых в сметанном соусе.

Официант: Прекрасно. Суп заказываете?

Мистер Смит: Да, один бульон с пельменями и один луковой суп. И на второе один шашлык из палтуса и бифштекс по-деревенски.

Официант: А на десерт?

Мистер Смит: Что вы будете на десерт, миссис Браун?

Миссис Браун: Кофе и мороженное.

Официант: А из выпивки?

Мистер Смит: Шампанское, пожалуйста, и минеральную воду.

Официант: Пожалуйста, вот вода.

Миссис Браун: Спасибо.

Мистер Смит: Мне так приятно, миссис Браун, что вы согласились со мной поужинать.

Миссис Браун: Я тоже очень рада, что встретила вас. Но вы, мне не рассказали о ваших делах. Что привело вас в Москву?

Мистер Смит: Дело в том, что мне необходимо было подписать договор об организации совместного предприятия. Надеюсь, что теперь я чаще буду бывать в России.

Миссис Браун: Я тоже надеюсь. Тем более, что здесь очень интересно работать. Кроме того, наша фирма имеет и неплохой доход.

Мистер Смит: Отлично. Но, наверное, есть и трудности?

Миссис Браун: Конечно, но где их нет?

Мистер Смит: Вы правы, но что, по-вашему, больше всего мешает работе?

Миссис Браун: Во-первых, это всё-таки некоторая нестабильность, но последние месяцы ситуация стала гораздо лучше, а во-вторых, это незнание большинством бизнесменов русского языка. Вы, конечно, приятное исключение. Вы очень неплохо говорите по-русски.

Мистер Смит: Вы знаете, я ведь начал учить русский ещё в Америке. Я прослушал специальный курс "Русский язык для бизнесменов." И очень много работал самостоятельно. Выписывал и читал русские газеты, журналы.

Миссис Браун: А какую газету вы выписывали?

Мистер Смит: "Коммерсант." Мне кажется, что это полезная газета для деловых людей.

Миссис Браун: Да, я тоже люблю эту газету. Ещё очень полезно читать "Финансовую газету." Там публикуются все законы, которые принимаются в России.

Мистер Смит: Спасибо. Я обязательно буду покупать её. Теперь я понимаю, что это было очень верное решение учить русский язык, читать русские газеты и журналы.

Миссис Браун: Знание русского языка — это не только необходимость, это половина вашего успеха. Я до сих пор беру уроки русского языка.

Мистер Смит: Вот и наше горячее. Ещё бокал шампанского?

Миссис Браун: Пожалуй. Мне очень нравится шампанское.

Мистер Смит: Я с вами согласен. Замечательный напиток. Может быть потанцуем?

Миссис Браун: С удовольствием.

Они танцуют.

Мистер Смит: Прекрасная музыка. И вы так хорошо танцуете, Миссис Браун.

Мистер Браун: О, когда-то я очень любила танцевать, даже занималась в балетной студии. Но сейчас так редко танцую ...

Мистер Смит: Спасибо за танец.

Миссис Браун: Ну, что вы ... А вы знакомы с русским балетом?

Мистер Смит: Да, я много слышал о русской балетной школе.

Миссис Браун: Слышать это недостаточно. Вам необходимо пойти в Большой театр на балет.

Мистер Смит: А что вы посоветуете мне посмотреть в Большом?

Миссис Браун: Я смотрела там "Баядерку", "Жизель", и прекрасный балет для детей, "Чиполино". Все спектакли были великолепны.

Мистер Смит: А как с билетами?

Миссис Браун: Конечно, в кассах не всегда бывают билеты. Но почти всегда их можно купить перед началом спектакля с рук.

Мистер Смит: А вы не откажитесь со мной сходить на балет?

Миссис Браун: Конечно нет, это всегда такое удовольствие. Я вам очень благодарна, Мистер Смит, за прекрасный вечер.

Мистер Смит: Как? Вы уже собираетесь уходить?

Миссис Браун: К сожалению, я должна быть дома не позже 11 часов. Я жду важный звонок из США.

Мистер Смит: Вы, действительно, деловая женщина, миссис Браун.

Миссис Браун: Да, но так иногда хочется забыть про все дела. Я надеюсь, что мы будем часто встречаться. А сейчас мне, действительно, пора.

Мистер Смит: Я провожу вас. Пожалуйста, счёт.

Официант: Пожалуйста.

Мистер Смит: Спасибо.

Официант: Приходите ещё.

Мистер Смит: Обязательно. У вас прекрасная кухня.

Миссис Браун: До свидания.

Официант: До свидания.

Exercise 1. Прочитайте меню. Выберите блюда, обсудите их с вашим спутником или спутницей. (Read the menu. Select dishes, discuss them with your companion.)

Exercise 2. Закажите ужин. Составьте диалог между вами и официантом. (Order supper. Compose a dialogue between you and the waiter.)

Exercise 3. Пригласите танцевать вашу спутницу или примите приглашение танцевать. Найдите тему для беседы. Расскажите о своём деле, о родном городе, о своих увлечениях, о своей семье. Скажите несколько комплиментов. (Invite your partner to dance or accept an invitation to dance. Find a subject for a conversation. Talk about your work, your hometown, what you do for fun, your family. Give a few compliments.)

Exercise 4. Ваш ужин закончен. Расплатитесь с официантом. Поблагодарите вашего партнёра по бизнесу, коллегу по работе, друга, или подругу за приятный вечер. Договоритесь о новой встрече. (Your supper is over. Pay the waiter. Thank your business partner, colleague, friend, or lady friend for the pleasant evening. Arrange to meet again.)

Effective Business Communication:
Expressing Time in Simple and Complex Sentences

In simple sentences in Russian, the time of an action may be expressed by adverbs and prepostional phrases used as adverbs. Actions occurring within a period of time are generally expressed by *в* and the prepositional case: *в этом году, в прошлом году, в следующем году.* To express the specific duration or process of an action, the accusative case is used without a preposition: *всю ночь, весь день, всё утро.* Actions **before** a specific period takes place in the future are expressed by *на* and the accusative case: *на три дня, на неделю, на месяц.* The elapsed time of <u>past</u> actions is expressed by *за* and the accusative case: *за полтора часа, за месяц, за год.* Actions that will occur **after** a specific period of time are expressed by *через* and the accusative case: *через минуточку, через час, через две недели.* Actions occurring **until** a point in time are expressed by *до* and the genitive case: *до двух часов, до полночи, до обеда.* Actions occurring **since** a point in time are expressed by *с* and the genitive case: *с первого января, с утра, с понедельника.* These relationships are summarized in this table. Study the time expressions in the pattern sentences that follow it.

Table.   Essential Adverbial Time Expressions

Questions	Translations	Prepositions	Cases
Когда?	When?	в*	Предложный
Сколько времени? (Как долго?)	How long?	—	Винительный
На какое время?	For how long? (in the future)	на	Винительный
За какое время?	For how long? (in the past)	за	Винительный
Через какое время?	In/After what time?	через	Винительный
До какого времени?	Until what time? (Before what?)	до	Родительный
После какого времени?	After what time? (After what?)	после	Родительный
С каких пор?	Since when?	с	Родительный
С какого времени?	Since when?	с**	Родительный

*Use *на* with *неделя*: this week (*на этой неделе*), next week (*на следующей неделе*), and last week (*на прошлой неделе*).
**Sometimes *с* (with the genetive case) is used in conjunction with *по* (followed by the accusative) to mean "from a specific time through a specific time."

Pattern Sentences.

1. Мы изучали новую программу три дня. (Сколько времени?) (Как долго?)

   We studied the new program for three days. (How long?)

2. Мы взяли новую программу для изучения её новых пунктов на три дня. (На какое время?)

   We borrowed the new program for three days to study its new points. (For how long?)

3. Мы изучили новую программу за три дня. (За какое время?)
   We learned the new program in three days. (In how long a time?)
4. Мы вернули новую программу через три дня. (Через какое время?)
   We returned the program after three days. (In/After what time?)
5. До конца этого года это предприятие откроет новый филиал. (До какого времени?)
   Before the end of this year, this enterprise will open a new branch. (Until what time?)
6. В этом году фирма открывает новый филиал. (Когда?)
   Next year the firm will open a new branch. (When?)
7. Филиал открыт с 9 до 17. (С какого времени? и До какого времени?)
   The branch is open from 9 to 5. (From what time to what time?)

Assignment 1. Determine the aspect of the verbs or participles in the predicates of the pattern sentences above.

Assignment 2. Underline the adverbial expressions of time in the following sentences. Then compose a question for each sentence.

1. Здание фирмы строили 8 месяцев.
2. Здание фирмы и гаражи построили за 10 месяцев.
3. Фирма пригласила на работу рабочих-строителей на два года.
4. Грузовые машины, доставляющие строительные материалы, находились в пути 5 дней.
5. За 5 дней машины прошли большое расстояние.
6. Шофёры грузовых машин взяли с собой необходимое продовольствие на 2 недели.
7. Через пять дней машины прибыли к месту назначения.

Assignment 3. In these two paragraphs, find adverbial expressions of time, note the case governed by the prepositions, and create sentences with them.

До отмены крепостного права промышленное производство в России развивалось крайне медленно. После отмены крепостного права в 1861 г. Россия получила мощный импульс экономического и социального развития.

С 1877 года по 1898 год промышленное производство в России возросло в четыре раза, добыча каменного угля—в семь раз, добыча нефти—в сорок раз, выплавка чугуна—в восемь раз, выплавка стали—в тридцать раз. Таким образом, через двадцать лет промышленное производство в России возросло в четыре раза.

COMPLEX SENTENCES WITH SUBORDINATE CLAUSES THAT EXPRESS TIME

Temporal dependent clauses express when the actions of verbs in the main clauses take place. They are joined to main clauses with the help of the following conjunctions: *когда, пока, как только, прежде чем, пока не, с тех пор как, в то время как, перед тем как,* and *после того как.* These clauses also answer questions like *когда, как долго, с какого времени, с каких пор, до какого времени, до каких пор.*

The action of the dependent clause can occur simultaneously or at different times with the action of the main clause. Imperfective verbs in the same tense in both clauses and the use of the conjunctions—*когда, пока,* and *в то время как*—express simultaneous action, for example:

Реализация данной программы предприятия <u>будет</u> <u>осуществляться</u> только тогда, когда <u>будут</u> <u>привлекаться</u> необходимые фонды иностранного капитала.
The realization of this program of the enterprise will be carried out only (then) when the necessary funds of foreign capital will be attracted.

For actions that occur at different times, perfective verbs appear in both clauses, combined with the conjunctions—*когда, пока, после того как* and *как только.* The most widespread temporal conjunction is *когда.* The action of the dependent clause can precede the action of the main clause as in the following example:

Предприятие <u>реализовало</u> новую программу, когда <u>получило</u> дополнительные фонды.
The enterprise realized the new program when it received additional funds.

The action of the dependent clause can also follow that of the main clause, for example:

Надо <u>продумать</u> все детали, прежде чем <u>реализовать</u> новую программу.
One must think through all the details before realizing the new program.

Assignment 4. Finish the following sentences.

1. Прежде чем вложить деньги в новое предприятие, ...
2. Перед тем как заключить соглашение, ...

3. До того как начать финансирование строительства, ...
4. Руководитель фирмы предложил направить на предприятие одного опытного эксперта, прежде чем ...
5. Объём операций значительно расширился, когда...
6. Совместное предприятие расширит сферу своей деятельности, как только...

Assignment 5. Compare the following simple and complex sentences. In the simple sentences, underline the adverbial expressions of time and state the case required after them. In the complex sentences, underline the temporal dependent clauses and the conjunctions uniting them to the main clauses.

Simple sentences	Complex sentences
1. После вложения крупной суммы долларов будет приостановлен спад производства в нефте-газовой промышленности.	1. После того как вложили крупную сумму долларов, будет приостановлен спад производства в нефте-газовой промышленности.
2. До получения необходимых запасных частей тысячи нефтяных скважин не могли эксплуатироваться.	2. До того как были получены необходимые запасные части, тысячи нефтяных скважин не могли эксплуатироваться.
3. Американская группа AROSCO по мере знакомства с ситуацией в Российской нефте-газовой промышленности сделала ряд предложений.	3. Американская группа AROSCO по мере того как знакомилась с ситуацией в Российской нефте-газовой промышленности, сделала ряд предложений.

Assignment 6. Replace these simple sentences with complex sentences, using the conjunctions, *перед тем как, в то время как,* and *до того как.*

1. Перед началом совместной работы группа AROSCO предоставила российским партнёрам возможность ознакомиться с техникой и опытом управления в американской нефтяной промышленности.
2. Во время пребывания Дж. Николаза Кэтчи в Москве были разрешены многие проблемы в области бартерных сделок.
3. До начала бурильных работ необходимо провести профилактику оборудования.

READING 1: АНДРЕЙ ЧАНОВ

Андрей Чанов родился в 1957 году на севере в городе Архангельске в семье лётчика. Окончив среднюю школу, Андрей поступил в МГУ на юридический факультет. После третьего курса он перешёл на вечернее отделение университета и начал работать следователем в прокуратуре.

В 1987 году Чанов решил навсегда расстаться с профессией следователя. Он понял, что насилием ничего нельзя исправить, а необходимо изменить условия жизни. И вот уже Андрей Чанов решает использовать свои знания и силы в каком-нибудь созидательном деле. Год работал он в небольшом производственном кооперативе, через год он ушёл оттуда, но за этот год он также многое понял и многому научился. Оставшись опять без работы, Андрей много времени проводил за чтением. Он читал Библию и Коран, священные книги индусов и греческую философию, но не смог и в этих книгах найти рецепты разрешения жизненных проблем.

Однажды Андрей увидел по телевизору сюжет о спутниковом вещании. Этот сюжет подсказал ему план будущего бизнеса. Весной 1988 года его бывший коллега предложил организовать кооператив. Этот маленький кооператив положил начало будущему многопрофильному концерну "Кросна."

В настоящее время "Кросна" выпускает самую разнообразную продукцию: от сейфов до кофемолок и шахмат, а также большинство систем спутникового приёма.

Когда Андрей со своим коллегой начинали своё дело, их планы казались невыполнимыми. А сейчас "Кросна" составляет программу, которая предусматривает освоение новых передовых технологий, а также разработку и изготовление новых спутников. Изготовление новых спутников требует "космических" расходов, но и прибыль ожидается серъёзная. За два года работы Андрей Чанов уже доказал, что его фирма может выходить на международный рынок с продукцией, которую покупают.

Assignment 7. Answer these questions on the text.

1. Где родился Андрей Чанов?
2. Где учился Андрей?
3. Куда он поступил после окончания школы?
4. Кем он работал, когда окончил третий курс университета?
5. Почему он расстался с профессией следователя?
6. Где работал Андрей в течение года?
7. Как пытался Андрей найти разрешение жизненных проблем?
8. Что помогло ему составить план будущего бизнеса?

9. Что предложил бывший коллега Андрея?
10. Какое значение имел этот кооператив?
11. Что выпускает предприятие Андрея "Кросна" в настоящее время?

Assignment 8. Using adverbial expressions of time, answer these questions.

1. Когда родился Андрей Чанов?
2. Когда он поступил в МГУ?
3. Когда он начал работать следователем?
4. Когда он оставил эту работу?
5. Сколько времени работал он в небольшом производственном кооперативе?
6. Когда ушёл он из этого кооператива?
7. Что сделал он за время работы в этом кооперативе?
8. Когда начал работать Андрей в новом кооперативе?
9. За какое время Андрей Чанов достиг больших успехов?

Assignment 9. Finish these sentences.

1. Андрей Чанов поступил в МГУ, когда...
2. Андрей решил изменить специальность, после того как ...
3. Андрей прочитал много книг, перед тем как ...
4. Андрей решил изготовлять "спутники", когда...
5. Новое предприятие Андрея Чанова "Кросна" будет получать большие прибыли, когда...

READING 2: МОЛОДЫЕ РОССИЙСКИЕ БУЗНЕСМЕНЫ БУДУТ СТАЖИРОВАТЬСЯ В США

МОСКВА, 11 мая. (ИТАР-ТАСС) К реализации русско-американской программы "Партнерство" приступили Федеральная служба занятости России и Информационное агентство США. Собравшиеся в Москве молодые предприниматели через несколько дней отправятся на стажировку в крупнейшие американские фирмы.

Программа, предусматривающая обучение десяти тысяч российских бизнесменов, направлена на поддержку среднего и малого бизнеса в России, решение проблем безработицы. Россияне будут знакомиться с опытом американского предпринимательства в фирмах Филадельфии, Хьюстона, Питсбурга, Цинциннати, и других городов США, причём каждый в своей сфере, например, банковском деле, юридической практике, маркетинговых исследованиях.

12.5.1994 г. (*Новое Русское Слово*)

Assignment 10. Form three questions about this reading whose answers will include adverbial expressions of time and purpose.

HUMOR: РАСХОДЫ НА ПИТАНИЕ

Марк Твен получил рукопись одного молодого автора. Когда он прочитал эту рукопись, то написал автору небольшую записку: "Дорогой друг, авторитетные врачи рекомендуют людям умственного труда есть рыбу в большом количестве, так как рыба содержит фосфор. А фосфор необходим для питания мозга. После того как я прочитал ваш роман, я сделал вывод, что два кита должны составлять ваш рацион. Я не знаю, сколько стоит один кит, но думаю, что очень дорого. Как только получите и прочитаете моё письмо, подумайте, сможете ли вы нести такие расходы на питание?"

PROVERBS AND SAYINGS

Что у трезвого на уме, то у пьяного на языке.
What a sober person has on his mind the drunk has on his lips.

Без меня меня женили.
In my absence, they married me off.

Время — деньги.
Time is money.

Молчание — знак согласия.
Silence is a sign of consent.

Куй железо пока горячо.
Strike while the iron is hot.

Дарёному коню в зубы не смотрят.
Never look a gift horse in the mouth.

WORDS AND EXPRESSIONS IN THE TEXTS

вещать (что?)	to broadcast
радиовещание	radio broadcast
спутниковое вещание	satellite broadcast

выполнение (чего?)	execution
выполнять/выполнить (что?)	to execute, to carry out
выполнимые планы	feasible plans
невыполнимые планы	impractical, unrealizable plans
выходить/выйти (куда?)	to go out into
выйти на международный рынок	to enter the international market
доказательство (чего?)	proof
доказывать/доказать (что?)	to prove
изготовление (чего?)	manufacture, manufacturing
изготовлять/изготовить (что?)	to manufacture
изменение (чего?)	change, alteration
изменять/изменить (кого?)(что?)	to change, to alter
использование (кого?)(чего?)(в чём?)	use
использовать свои знания (в чём?)	to use one's knowledge
использовать свои силы (в чём?)	to use one's strengths
исправление (кого?)(чего?)	correction, improvement
исправлять/исправить (кого?)(что?)	to correct, to improve
кофемолка	coffee grinder
насилие	violence, force
насильно	by force
начало (чего?)	beginning
положить начало (чему?)	to lay a foundation
начинание (чего?)	beginning
осваивать/освоить (что?)	to master, to become familiar with
освоение (чего?)	mastering
освоение передовых технологий	mastering of advanced technology
подсказка	suggestion, prompting
подсказывать/подсказать (что?) (кому?)	to suggest, to prompt
предусматривать/предусмотреть (что?)	to foresee
прибыль	profit
ожидаемая прибыль	desired profit
серьёзная прибыль	significant profit
приём (чего?)	receiver, reception
продукт	product

продукция	production
качественная продукция	high-quality production
некачественная продукция	not high-quality production
разная продукция	different production
разнообразная продукция	diversified production
проводить время (за чем?)	to spend time
производить/произвести (что?)	to produce, to manufacture
производственный	production
производственный кооператив	production cooperative
производственный профиль	manufacturing profile
производство (чего?)	production
профиль	profile
однопрофильный	one-sided profile
многопрофильный	diversified profile
разрабатывать/разработать (что?)	to develop
разработка	development
разрешать/разрешить (что?)(кому?) (что делать?)	to solve, to allow
разрешить проблему	to solve a problem
разрешение (чего?))	solution
разрешение жизненных проблем	solution of vital problems
расставание (с кем?)(с чем?)	parting
расставаться/расстаться (с кем?) (с чем?)	to part, to leave
навсегда расстаться (с кем?)(с чем?)	to leave forever
расход	expense
космические расходы	astronomical expenses
расходовать (что?)	to spend, to expend
рецепт	recipe
следователь	investigator
созидание (чего?)	creation
созидательное дело	creative matter
созидательный труд (работа)	creative work
спутник	satellite
спутниковый приём	satellite receiver
требование (чего?)	demand
требовать/потребовать (что?)(у кого?)	to require, to demand
условия жизни	conditions of life, standard of living

Lesson 9

Dialogue: Разговор по телефону

Телефонный звонок в номере мистера Смита.

Мистер Смит: Алло! Я вас слушаю!

Александр Борисович Минаев: Здравствуйте мистер Смит. Это Александр Борисович.

Мистер Смит: Здравствуйте Алексанр Борисович. Рад вас слышать.

Александр Борисович Минаев : Спасибо. Как ваши дела? Как Москва?

Мистер Смит: Всё прекрасно. Москва мне очень нравится. Красивый город.

Александр Борисович Минаев: Отлично. Вы ведь теперь у нас частый гость будете.

Мистер Смит: Конечно, раз контракт подписан.

Александр Борисович Минаев: Именно поэтому я вам и звоню.

Мистер Смит: А что, какие-нибудь проблемы?

Александр Борисович Минаев: Нет, нет, всё в порядке. Не волнуйтесь. Просто наш директор хотел с вами встретиться перед вашим отъездом.

Мистер Смит: О, конечно, нам необходимо всё обсудить. А он уже назначил время?

Александр Борисович Мианев: Если вы свободны, то можно устроить встречу завтра утром, часов в 10.

Мистер Смит: Да, думаю, что я смогу.

Алексанр Борисович Минаев: За вами прислать машину?

Мистер Смит: Нет, спасибо. Я возьму такси.

Александр Борисович Минаев: Ну что ж, тогда до завтра. Всего хорошего.

Мистер Смит: До завтра, Александр Борисович.

Exercise 1.   Позвоните вашему партнёру по бизнесу (коллеге по работе, другу, подруге) и назначьте время и место встречи. Составьте диалог на эту тему. (Call your business partner [colleague at work, male or female friend] and set up a time and place for a meeting. Compose a dialogue on this topic.)

Exercise 2. Вашего друга нет дома. Напишите недостающие реплики. (Your friend is not at home. Fill in the missing responses.)

A:

B: Его нет дома.

A:

B: Он придёт часов в 9. А что ему передать?

A:

B: А он знает ваш телефон?

A:

B: Сейчас, одну минуту, возьму карандаш. Диктуйте.

A:

B: Он позвонит вам, когда придёт.

Exercise 3.   Кто-то ошибся номером.   Напишите недостающие реплики.
(Someone got a wrong number. Fill in the missing responses.)

A: Алло, позовите пожалуйста Юрия Николаевича.

B:

A: А какой это номер?

B:

A: Извините, я видно неправильно набрал номер.

Assignment 4.   Позвоните в аэропорт и закажите билет.   Составьте
небольшой диалог на эту тему.   (Call the airport and order a ticket.
Compose a short dialogue for this topic.)

Effective Business Communication:
Expressing Place in Complex Sentences

In simple sentences, adverbial expressions that indicate where actions
have taken place include prepositional phrases, such as *в магазине, на*
собрании, and *при университете,* among others.   These phrases are
usually learned early in the study of Russian. This lesson, therefore, focuses
on adverbial dependent clauses that express place in complex sentences.

ADVERBIAL DEPENDENT CLAUSES OF PLACE

Dependent clauses of place signify the location of the subject or action of
the main clause. Like adverbial expressions of place, these clauses answer
the questions, *где, куда,* and *откуда.* Such clauses are joined to the main
clause with the help of the conjunctions—*где, куда,* and *откуда*—and
specify what *там, туда,* and *оттуда* mean in the main clause.

Pattern Sentences.
1. Там, где находится фирма, раньше был торговый центр.
   There formerly was a trade center where the company is located.
2. Машины поехали туда, куда показывала стрелка на указателе.
   The cars drove (there) where the arrow on the sign indicated.

3. Письмо было получено оттуда, откуда его ждали.

The letter was received from an unexpected place.

The constructions, *там—где*, *туда—куда*, and *оттуда—откуда*, are called relative words. Sometimes they may be missing in the main clause, for example:

Сверху, где был расположен офис, слышались громкие голоса.

Upstairs where the office was located loud voices were heard.

Assignment 1. Find the dependent clauses of place in these sentences and indicate the words in the main clause to which they relate.

1. Впереди, где кончались жилые постройки, были видны буровые вышки.
2. Студенты отправились на стажировку туда, куда рекомендовали опытные специалисты.
3. Письменное сообщение пришло оттуда, оттткуда два дня назад приехали геологи.
4. Слева, где было яркое освещение, стояли на полках измерительные приборы.
5. Где было сосредоточено множество магазинов, там решили организовать единый торговый центр.

READING 1: ГДЕ ДЕЛАТЬ БИЗНЕС?
НЕКОТОРЫЕ ПЕРСПЕКТИВНЫЕ ГОРОДА РОССИИ

Находка

Город расположен на берегу удобной бухты Находка, которая открывает выход в Японское море.

Находка—крупный торговый международный порт России на Дальнем Востоке. В городе развиты судоремонт, строительная индустрия, лёгкая и пищевая промышленность. Город объявлен свободной экономической зоной.

Население города составляет 160 тысяч. В малом и среднем бизнесе занята десятая часть населения.

В основной сфере деятельности предпринимателей: ремонт и обслуживание отечественных и иностранных судов, посреднические и международные операции, обслуживание иностранных и отечественных туристов. В Находке две гостиницы, есть космическая связь, железнодорожный и морской вокзалы.

Южно-Сахалинск

Город основан в 1882 году. Население города—186 тысяч человек. Город является свободной экономической зоной. Богатые природные ресурсы—лес, рыба, пушнина, нефть, газ, уголь, сера—открывают широкие возможности для бизнеса и предпринимательства.

В городе более 130 предприятий различных отраслей экономики, а также более трёх тысяч негосударственных структур. Южно-Сахалинск опережает другие регионы Дальнего Востока по темпам приватизации, по темпам внедрения рыночных отношений.

В городе уже действуют пять коммерческих банков, две биржи. Более чем на 50 процентов приватизирована торговля, служба быта.

В городе шесть комфортабельных гостиниц, международный аэро-порт, отель международного класса "Евразия." Имеется междуна-родная спутниковая связь.

Комсомольск-на-Амуре

Город основан в 1932 году на берегу реки Амур. Население города—350 тысяч человек. Комсомольск-на-Амуре—один из крупнейших индустриальных центров России на Дальнем Востоке.

В городе расположены крупнейшие заводы чёрной металлургии, судоремонтные и судостроительные предприятия, комплексы нефте- и газопереработки. Развиты пищевая, лёгкая, строительная индустрия.

В городе пять гостиниц. Есть космическая связь. Железно-дорожное, водное и авиационное сообщение обеспечивают доставку пассажиров и грузов из Комсомольска в любой конец планеты.

Хабаровск

Хабаровск крупнейший промышленный и транспортный узел Дальнего Востока. Город основан в 1858 году у слияния рек Уссури и Амур. Население 630 тысяч человек. Хабаровск является админи-стративным центром Хабаровского края.

Природные богатства края разнообразны: лес, рыба, пушнина, по-лезные ископаемые. Также развита тяжёлая и лёгкая промышлен-ность.

На внутренний и международный рынок город поставляет дизели, энергетические машины, металлорежущие станки, кабели, отопи-тельное оборудование, современные рыболовные суда, строительные алюминиевые конструкции, пиломатериалы.

В городе около тридцати научно-исследовательских институтов, три театра, филармония, музеи.

В городе и крае действует более десяти тысяч негосударственных структур. Многие из них имеют филиалы и представительства в 95 городах Содружества (Содружество Независимых государств—СНГ).

В городе шесть гостиниц. Международный аэропорт связывает Хабаровск с другими странами. С железнодорожного и аэровокзала можно отправиться в любой город Содружества. Работает также спутниковая международная связь.

Assignment 2. Underline all the adverbial expressions of place in the text, pose a question for each, and determine the case.

Assignment 3. Retell the texts orally and in writing, using the following topics as applicable.

1. Место и время основания города.
2. Географическое местоположение города.
3. Население города.
4. Наличие природных ископаемых. Природные ресурсы.
5. Промышленность города.
6. Сфера деятельности населения города.
7. Возможности для деятельности предпринимателей.
8. Наличие в городе государственных и негосударственных структур.
9. Промышленные предприятия, научные и культурные учреждения.
10. Транспортная связь города.

READING 2: ДЕЛОВЫЕ ПИСЬМА
Письмо 1.
Уважаемые господа,

Подтверждаем получение Вашего проекта контракта на поставку нам оргтехники. В целом мы одобряем составленный Вами проект контракта, однако нам хотелось бы обсудить некоторые пункты, касающиеся условий платёжа и сроков поставки.

Мы не можем согласиться с 3 п. Вашего проекта, который предусматривает авансовый платёж в размере 40% от стоимости товара.

Со своей стороны, хотим предложить следующие условия платёжа: 20% общей стоимости контракта должны быть уплачены нами в течении 30 дней сразу после поднисания контракта, остальные 80% будут платиться по мере поступления товара на наши склады.

Что касается сроков поставки, то мы обращаемся к Вам с просьбой ускорить поставку оргтехники примерно на две-три недели, в связи с тем, что наши покупатели обращались к нам с подобной просьбой неоднократно.

Ввиду вышеизложенного просим соответственно изменить п.п. 3 и 5 Вашего проекта контракта и выслать нам договор для подписания.

8.09.1995 г.

С уважением,
Березин А. П.,
директор фирмы
"Энергоинформатика"

Assignment 4. Закончите предложения. (Finish these sentences.)

1. Подтверждаем получение ...
2. В целом мы одобряем ...
3. Мы не можем предложить ...
4. Мы хотим предложить ...
5. Позвольте обратиться к Вам с просьбой ...

Письмо 2.

Уважаемые господа,

Позвольте поблагодарить Вас за Ваш последний телекс, в котором Вы приглашаете сотрудников нашей фирмы на двухнедельную стажировку к Вам.

Со своей стороны мы тоже были бы рады принять у себя Ваших сотрудников для лучшего их ознакомления с условиями российского рынка.

Мы были бы признательны Вам, если бы Вы сообщили, какое точно количество наших молодых специалистов Вы могли бы обучать у себя, какая предполагается учебная программа и практика.

Наша фирма согласна оплатить дорогу наших сотрудников в оба конца. Ещё раз благодарю Вас за предоставленную возможность обучения на Вашей фирме наших сотрудников и надеюсь на скорую встречу.

9.10.1995 г.   С уважением,
                               Орлов, заместитель директора фирмы
                               "Русский стиль"

Assignment 5. Закончите предложения. (Finish these sentences.)

1. Позвольте поблагодарить Вас за ...
2. Со своей стороны мы тоже были бы рады ...
3. Наша фирма согласна ...
4. Надеюсь на ...

Assignment 6. Ответьте на данное письмо. (Answer Letter 2.)

Assignment 7. Составьте своё письмо на русскую фирму, в котором вы были бы согласны/несогласны с условиями контракта; уточняли бы дату поставки товаров; количество поставляемой продукции; цену на товар, пути транспортировки и.т.д. (Create your own letter to a Russian firm in which you would agree or disagree with the conditions of a contract;

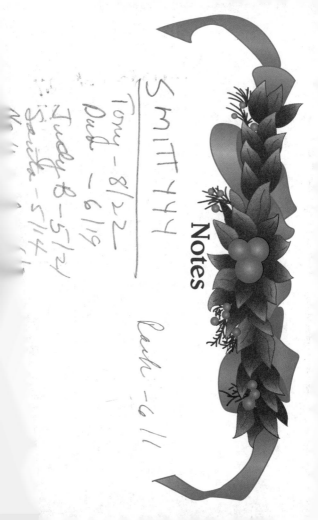

Notes

Smith 444

Tony – 8/22
Dud – 6/19
Judy B – 5/21
Sandra – 5/14
N...

Cash – 6/11

Linda R 27
Linda Cook 27
27

LITTLE MEMBERS. HOLIDAY
SMITH (TR) HILTON

you would determine the date of the delivery of goods, the quantity of supplied production, the price for the goods, the shipping, etc.)

HUMOR: ВЫХОД ИЗ ДЕНЕЖНОГО ЗАТРУДНЕНИЯ

Французский писатель Франсуа Рабле находился в денежном затруднении. Он должен был выехать из Лиона в Париж, но у него не было денег, чтобы заплатить за билет.

Тогда Рабле нашёл выход: он взял бумагу и сделал три пакетика. В каждый пакетик он положил немного сахара. На первом пакетике он написал: "Яд для короля," на втором пакетике—"Яд для королевы," на третьем пакетике—"Яд для первого министра."

Эти пакетики он положил на стол в номере гостиницы. Когда служанка убирала номер, она заметила на столе пакетики. Как только она прочитала надписи, она побежала в полицию. Под конвоем полиция отправила писателя в Париж. Когда Рабле привели в суд, то он рассказал там всю правду. А когда он съел три пакетика и остался жив, то и судья, и прокурор поверили ему.

PROVERBS AND SAYINGS

Будет и на нашей улице праздник.
Our day will come.

В гостях хорошо, а дома лучше.
There's no place like home.

В огороде бузина, а в Киеве дядька.
It's a cock and bull story.

В тихом омуте черти водятся.
Still waters run deep.

В чужом глазу сучок видим, а в своём бревна не замечаем.
We see a splinter in someone else's eye, but miss the log in our own.

Лучше поздно, чем никогда.
Better late than never.

WORDS AND EXPRESSIONS IN THE TEXTS

богатство	wealth
богач	rich man

бухта	bay
внедрение (чего?)(во что?)	introduction, inculcation
внедрять/внедрить (что?)(во что?)	to introduce, to instil
газ	gas
месторождение газа	gas deposit
нефте- и газопереработка	oil and gas treatment
города Содружества	cities of the Commonwealth
государство	government
государственный	government
груз	freight
Дальний Восток	Far East
десятая часть населения занята в бизнесе (кто занят в чём?)	a tenth of the population is engaged in business
десятая часть населения занимается бизнесом (кто занимается—чем?)	a tenth of the population is engaged in business
доставка (кого?)(чего?)(куда?)	delivery
доставка груза, грузов	delivery of freight, loads
доставка пассажиров	delivery of passengers
зона	zone
"Свободная экономическая зона"	Free Trade Zone
"Город объявлен свободной экономической зоной."	The city has been declared a Free Trade Zone.
идти впереди (кого?)(чего?)	to go ahead of
индустрия	industry
индустриальный центр	industrial center
ископаемые	minerals
полезные ископаемые	useful minerals
конец планеты	end of the planet
космос	cosmos
космический корабль	space ship
"космическая связь"	satellite connection
край	region, administrative division
Хабаровский край	Khabarovsk region
крупный	strong
крупнейший	strongest
самый крупный	strongest
металлургия	metallurgy
"чёрная металлургия"	ferrous metallurgy
население	population
население города	population of a city
население страны	population of a country
"население составляет 160 тысяч"	"population is 160,000"
научно-исследовательский институт	scientific research institute
недры	depths

нефть	oil
нефтяной	oil
месторождение нефти	oil deposits
обеспечивать/обеспечить (что?) (кого?)(чем?)	to secure, to guarantee
оборудование	equipment
отопительное оборудование	heating equipment
обслуживание (кого?)(чего?)	maintenance, servicing
обслуживание судов	maintenance of vessels
обслуживание туристов	tourist service
обслуживать/обслужить (кого?)(что?)	to service
объявление	announcement
объявлять/объявить (что?)(кому?)	to announce, to declare
основывать/основать (что?)(где?)	to found
открывать/открыть (что?)	to open
открыть выход (куда?)	to make an opening
открыть широкие возможности	to open up wide possibilities
отправление (чего?)(куда?)	departure
отправляться/отправиться (куда?)	to be sent, to be dispatched
отрасль экономики	branch of the economy
отечественный	home, patriotic
отчество	fatherland
перерабатывать/переработать (что?)	to treat, to convert
пиломатериалы	saw timber
порт	port
морской порт	sea port
торговый порт	trade port
посредник (между кем?)	intermediary
"посреднические операции"	middleman operations
поставка (чего?)(куда?)	supply
поставлять/поставить (что?)(куда?)	to supply
предприниматель	employer, owner of a firm
предпринимательство	business, undertaking
предпринимать/предпринять (что?)	to undertake, to launch
представительство	representation
преставлять/представить (кого?) (что?)(где?)	to represent
приватизация (чего?)	privatization
приватизировать (что?)	to privatize
природа	nature
природный	natural
"природные богатства разнообразны"	natural resources are diverse
промышленность	industry
лёгкая промышленность	light industry

пищевая промышленность	food industry
тяжёлая промышленность	heavy industry
пушнина	furs, skins
развитие промышленности	development of industry
разнообразие (чего?)	diversity
разнообразный	diverse
разный	different, various
ремонт	repair
судоремонтное предприятие	ship repair enterprise
ремонтировать (что?)	to repair
ресурсы	resources
рыба	fish
рыболовные суда	fishing vessels
рынок	market
внутренний рынок	domestic market
международный рынок	international market
рыночные отношения	market relations
связывать/связать (кого?)(с кем?)	to connect
сера	sulphur
слияние рек	confluence of rivers
служить (кому?)(чему?)	to serve
"служба быта"	consumer service
служить в армии (где?)	to serve in the army
сообщение	communication
авиационное сообщение	air connections
водное сообщение	water connections
железнодорожное сообщение	rail connections
станок	machine tool
металлорежущие станки	machine metal-cutting tools
строить/построить (что?)(где?)	to build
"строительное оборудование"	building equipment
"строительные алюминиевые конструкции"	construction aluminum
структуры	structures
государственные структуры	state structures
негосударственные структуры	nonstate structures
судостроительное предприятие	shipbuilding enterprise
сфера деятельности	sphere of activity
уголь	coal
месторождение угля	coal deposit
угольный	coal
узел	knot
"промышленный и транспортный узел"	industrial and transportation center

Lesson 10

В кабинете генеральный директор фирмы "Прогресс" Сергей Александрович Гаврилов, коммерческий директор Александр Борисович Минаев и президент американской фирмы, "Техтран" — мистер Смит. Они обсуждают план работы совместного предприятия.

Dialogue: Заключительные переговоры

Александр Борисович Минаев: Доброе утро мистер Смит, пожалуйста проходите, садитесь пожалуйста.

Мистер Смит: Доброе утро. Спасибо. Здравствуйте Сер гей Александрович.

Сергей Александрович Гаврилов: Приветствую вас мистер Смит. Как настроение?

Мистер Смит: Отличное. А вы в хорошей форме Сергей Александрович.

Сергей Александрович Гаврилов: Стараемся держаться. Работы конечно очень много, но всё-таки выкраиваю время для бессейна. Езжу в "Олимпийский" дважды в неделю. А вы спортом занимаетесь?

Мистер Смит: Играю в гольф.

Сергей Александрович Гаврилов: Замечательно. Я сам не играю, а вот Александр Борисович, по-моему, в прошлом году записался в Гольф-клуб.

Александр Борисович Минаев: Это точно. Но я ещё начинающий игрок. У нас только несколько лет назад открылся в Москве Гольф-клуб.

Мистер Смит: Надеюсь, когда-нибудь сыграем вместе или в Москве или у нас в Америке.

Алексанр Борисович Минаев: Сыграем обязательно.

Сергей Александрович Гаврилов: Ну что ж, теперь приступим к делу. Начало, оно правда всегда трудное...

Мистер Смит: В Америке я тоже когда-то начинал, а вот теперь в России. Это интересно. Я люблю свою работу. Конечно, приходиться часто рисковать.

Сергей Александрович Гаврилов: У нас говорят так: "Кто не рискует, тот не пьёт шампанского."

Мистер Смит: Это точно. Хорошо сказано. Ну что ж, обсудим наши проблемы?

Александр Борисович Минаев: Вы знаете, у нас тут возник вопрос...

Мистер Смит: Да, пожалуйста.

Александр Борисович Минаев: Как вы думаете, когда вы сможете поставить самое необходимое оборудование для нашего офиса?

Мистер Смит: Вы имете в виду компьютеры, ксероксы?

Александр Борисович Минаев: Да, именно, это.

Мистер Смит: А когда вы предполагаете закончить ремонт офиса?

Александр Борисович Минаев: Я вчера заходил туда. Смотрел, как дела движутся. Думаю недели через две всё будет закончено.

Мистер Смит: Ну что ж, тогда, я думаю, через месяц вы сможете получить всё необходимое. Как только вернусь домой, займусь всем этим.

Сергей Александрович Гаврилов: Это неплохо. А сколько компьютеров вы предполагаете прислать?

Мистер Смит: Для начала думаю четыре. Там посмотрим. А сколько ксероксов вы хотите?

Александр Борисович Минаев: Двух вполне достаточно.

Мистер Смит: Хорошо, сейчас запишу. Как вы считаете, может некоторые вещи мы сможем купить в Москве? Конечно, наша сторона возьмёт на себя все расходы.

Сергей Александрович Гаврилов: Думаю, это возможно.

Александр Борисович Минаев: Может сейф? Говорят, сейчас в магазине есть неплохие.

Сергей Александрович Гаврилов: Александр Борисович, тогда поручите кому-нибудь этим заняться.

Мистер Смит: У нас уже есть расчётный счёт? Я бы сразу перечислил некоторую сумму на самые первые расходы.

Сергей Александрович Гаврилов: Я думаю, будет через пару дней, неправда ли Александр Борисович?

Александр Борисович Минаев: Да, конечно, это дело нескольких дней. Сейчас главный бухгалтер этим занимается.

Мистер Смит: Отлично, я вижу работа уже началась. Кстати, а кто будет заниматься таможней?

Сергей Александрович Гаврилов: К сожалению, мы пока ещё не нашли подходящего человека.

Александр Борисович Минаев: Несколько кандидатов есть, но мы пока ещё думаем. Может у вас есть кто-нибудь на примете? Тогда порекомендуйте нам.

Мистер Смит: К сожалению, у меня пока ещё не очень большой круг знакомых. Так что выбирайте сами.

Сергей Александрович Гаврилов: А вот главного бухгалтера мы нашли отличного. Она свою работу знает.

Мистер Смит: Хороший бухгалтер—это пол дела. А она знакома с американским бухгалтерским учётом?

Сергей Александрович Гаврилов: Да, она проходила у вас стажеровку в Мичигане. Я за неё совершенно спокоен, отличный специалист.

Алексанр Борисович Минаев: Раскрою вам секрет, мистер Смит.

Этого бухгалтера мы с другой фирмы к себе переманили. Сергей Александрович постарался.

Сергей Александрович Гаврилов: Это точно. Сейчас в Москве хороший бухгалтер на вес золота.

Мистер Смит: Ну что же, тогда всё в порядке. А как вы думаете, наши склады зимой или весной не протекают. Вдруг всю продукцию затопит?

Александр Борисович Минаев: Не волнуйтесь, мистер Смит. Это проверенное помещение. Там раньше книги хранили, так что не беспокойтесь. Мы отвечаем за это.

Мистер Смит: А машины грузовые к ним подход имеют?

Сергей Александрович Гаврилов: Грузовые "Volvo," например, точно смогут подъехать.

Мистер Смит: А как насчёт шофёров? Вы уже нашли их? Желательно, чтобы они хоть немного говорили по-английски. Мои коллеги, к сожалению, почти ничего не понимают по-русски, а с грузом всегда много проблем.

Александр Борисович Минаев: С шофёрами, вроде, всё в порядке. Нашли пока четырёх человек. Для начала достаточно. Английский у них, конечно, на школьном уровне. Но кажется ребята толковые.

Мистер Смит: Если в школе учили, то вспомнят. Надеюсь, что проблем с этим не будет. И если позволите, теперь последний вопрос. Когда вы хотели бы получить первую партию товаров? Я спрашиваю не о точной дате, а о примерной.

Сергей Александрович Гаврилов: Я думаю через месяца полтора, не раньше, а то и целых два.

Мистер Смит: Прекрасно. Нас это устраивает. После меня приедет мистер Джонсон. Примерно, на неделю. Он будет изучать более подробно ваш рынок.

Сергей Александрович Гаврилов: Отлично. Вот Александр Борисович ему и поможет. Покажет и расскажет ему всё.

Александр Борисович Минаев: С удовольствием. Вы только заранее дайте знать, а то у меня тут командировка намечается.

Мистер Смит: Как только будет известна точная дата его приезда, я сражу же позвоню вам или дам факс. Ну, что же, мне пора. К сожалению, мой визит в Москву был очень краткий. Но я искренно рад нашему знакомству и сотрудничеству.

Сергей Александрович Гаврилов: Спасибо. Мы тоже рады.

Александр Борисович Минаев: Мистер Смит, к какому часу прислать за вами машину, чтобы отвести вас в аэропорт?

Мистер Смит: Если можно, то к часу. Регистрация начинается за 2 часа. Так что к часу будет нормально.

Сергей Александрович Гаврилов: Итак, ждём от вас вестей. Огромный привет Роберту, Джону и Кристине от всех нас.

Мистер Смит: Спасибо. Всего вам доброго.

Сергей Александрович Гаврилов и Александр Борисович Минаев: До свидания.

Exercise 1.   Используя лексику учебного диалога, напишите недостающие реплики. (Using the expressions in this dialogue, fill in the missing responses.)

A.
1. ...
2. Я думаю через месяц.
3. ...
4. Четыре компьютера.
5. ...
6. Наша сторона.
B.
1. У вас есть главный бухгалтер?
2. ...
3. А она знакома с американскими бухгалтерским учётом?
4. ...
C.
1. ...
2. Склады находится недалеко от офиса.
3. ...
4. Не волнуйтесь, всё будет в порядке. Это проверенное помещение.
5. ...
6. Я думаю, грузовые "Volvo" смогут.

Exercise 2.   Составьте пять-шесть вопросов, которые бы вы задали вашим партнёрам по бизнесу в начале совместной деятельности.
(Compose five or six questions that you would ask your business partner at the beginning of a joint venture.)

Exercise 3. Ответьте на вопросы. (Answer these questions.)

1. Что бы вы хотели продавать в России?
2. Что бы вы хотели покупать в России?
3. Какое предприятие и в какой части России вы хотели бы
    организовать? Аргументируйте свой ответ.

Effective Business Communication:
Explanations in Complex Sentences

Explanatory dependent clauses clarify words in main clauses that require additional explanation. The first of the two groups of explanatory clauses is joined to the main clause by the conjunctions *что* (that), *чтобы* (in order that), and *как* (how).

Что links a dependent clause that communicates a fact as in this example:

Мы знали, что фирма установила новые цены на свою продукцию.
We knew that the firm set new prices for its products.

The conjunction *чтобы* connects a dependent clause to requests, commands, wishes, and proposals in the main clause as in this example:

Руководители предприятия хотели, чтобы ассортимент выпускаемой продукции был расширен.
Managers of the enterprise wanted the assortment of (issued) products to be broadened.

The conjunction *как* is close in meaning to *что*, as this example shows:

Руководитель предприятия наблюдал, как повышается производительность труда в зависимости от общей организации производства.
The manager of the enterprise observed how labor productivity rises in relationship to the overall organization of production.

The second group of explanatory dependent clauses is joined to main clauses by conjunctions, such as *где, куда, откуда, когда, как, какой, который, чей, кто, зачем, почему,* and others. These conjunctions bring additional nuances to a sentence by conveying the place, time, cause, goal, method, or extent of an action. Observe the following pattern sentences.

Pattern Sentences.
1. Инженер объяснил рабочим, **зачем** был составлен новый график работы.
   The engineer explained to the workers why the new work schedule was made.
2. В настоящее время фирма не знала, **куда** следует направить новые образцы своих изделий.
   At present, the firm did not know where to send the new models of its wares.
3. На документе было плохо видно, **кто** поставил свою подпись.

On the document it was poorly visible who signed it.

4. Банк не сообщил, **почему** изменена старая форма кредитования.
The bank did not inform why the old form of credit has been changed.

5. Надо было выяснить, **какое** информационное агенство может дать нужную информацию.
It was necessary to clarify which information agency can give the needed information.

Assignment 2. Insert the appropriate conjunction—*что* or *чтобы*— in the blanks below.

1. Профессор посоветовал студентам, _____ они читали "Экономическую газету."
2. Профессор сказал студентам, _____ необходимо регулярно читать "Экономическую газету."
3. Директор фирмы сказал, _____ сотрудники фирмы могут получить отпуск в летнее время.
4. Директор фирмы сказал, _____ сотрудники фирмы ознакомились с новым планом работы.
5. Акционерное общество сообщило, _____ все желающие приобрести акции могут обратиться в правление.
6. Акционерное общество предложило, _____все желающие купить акции обращались в правление.

Assignment 3. Complete these sentences, paying attention to the form of the predicate in the dependent clause.

Example: Весь коллектив предприятия хочет, чтобы предприятие ...
Весь коллектив предприятия хочет, чтобы предприятие **получило** экономическую самостоятельность.

1. Президент коммерческого банка хочет, чтобы банк ...
2. Фирма хочет, чтобы её малое предприятие ...
3. Большинство предпринимателей хотят, чтобы налоговая система ...
4. Вкладчики банка хотят, чтобы проценты ...
5. Внешнеторговая компания хочет, чтобы её товары ...
6. Потребитель хочет, чтобы товар ...
7. Рекламная компания хочет, чтобы её реклама ...

Assignment 4. Select the required conjunction—*кто, где, как,* or *какой*— and insert it in each of the blanks below.

1. Торговый агент не сообщил, _____ направил его на фирму.

2. Молодой бизнесмен не учёл, _____ функцию выполняет реклама.
3. Новое предприятие хочет выяснить, _____ экономическая ситуация ожидается в ближайшее время.
4. Молодые предприниматели пока не знают, _____ реализовать их экономические идеи.
5. Необходимо изучить обстановку и понять, _____ можно использовать громадный промышленный потенциал региона.

READING 1: ИЗ ИСТОРИИ РОССИЙСКОГО ПРЕДПРИНИМАТЕЛЬСТВА

Часть 1.

Русское общество было социально ранжировано, оно делилось на сословия и разряды: дворяне, потомственные почётные граждане, купцы, мещане, крестьяне.

В разряд купцов входили люди разных национальностей. Все они внесли большой вклад в экономический прогресс страны. Этих людей, разных по национальности, разных по характеру и вероисповедованию, объединяло одно—коммерческий интерес. Нити, которые связывали этих людей, были товары. И эти связующие нити переплетались на ярмарках.

В конце 19 века главным центром российской торговли был географический треугольник: Тверь-Москва-Нижний Новгород.

Объединяющей магистралью была Волга.

Самая знаменитая, известная всему миру ярмарка — Нижне-городская. Здесь, в Нижнем Новгороде, сходились интересы востока и запада, юга и севера страны. Здесь продавались азиатский шёлк и русский лен, кавказская морена (красильное вещество) и тюлений жир из Арктики, железо и хлопок, хлеб и вино, стекло и кожа, шерсть и меха.

Купцы и предприниматели придавали огромное значение устройству ярмарок. Они хотели, чтобы ярмарки стимулировали постоянный рост производства, они стремились к тому, чтобы ярмарки являлись регулятором спроса и предложения, производства и потребления.

Кроме того, они добились того, что ярмарки становились настоящим праздником бизнеса, партнёртства и труда.

Честная конкуренция, деловое соперничество не разъединяло людей, а сближало регион с регионом, нацию с нацией.

В конце 19 века купеческое сословие в России насчитывало примерно 200 тысяч человек. Среди них были русские, украинцы, белорусы, азербайджанцы, евреи, узбеки, татары и многие другие.

Часть 2.

Предприниматель татарин Муртуза Мухтаров жил в Баку. Был одним из лучших буровых мастеров. Разработал собственную буровую систему. К началу 19 ого века его буровая система и инструменты были признаны самыми эффективными не только в России, но и за границей. Вопреки мнению о том, что деньги делают человека сухим и чёрствым, Мухтаров был человеком отзывчивым и добрым. Он любил повторять, что о коммерсантах следует судить по их делам, и, в зависимости от этого, в одинаковой мере достойны уважения и русский, и грузин, и татарин, и еврей. Сам Мухтаров учредил на свои средства сорок именных стипендий для средних и высших технических учебных заведений, строил школы, издавал газеты.

Еврей Давид Марголин—основатель пароходного флота на Днепре. Принимал активное участие в пуске первого трамвая в Киеве, вложил большие денежные средства в устройство газового и электрического освещения улиц Киева.

Узбек Касим Ходжаев торговал хлопком, каракулем, мануфактурой. Был постоянным участником Нижнегородской ярмарки. Активно занимался банковской и благотворительной деятельностью.

Азербайджанец Гафни Зейнал Абдин Агиев родился в Баку, был сыном бедных родителей, не получил образования. В юности работал каменщиком. Затем, начав заниматься коммерцией, добился огромных успехов. Вкладывал капиталы в нефтедобычу, рыбные промыслы, ткацкие фабрики. Состоял членом учредительных комитетов многих банков и промышленных компаний. Основал в Баку среднетехническое училище, лично вложил в это сто тысяч рублей.

Украинец Богдан Ханенко окончил в Москве университет, являлся кандидатом права, преуспевал в научной работе, но вышел в отставку. Он понял, что его настоящее призвание в том, чтобы стать предпринимателем, пионером многих прогрессивных преобразований в стране. Так, Богдан Ханенко добивается огромных успехов в сахароторговле, затем становится главным советником Русской торгово-промышленной биржи, является также одним из основателей Киевского политехнического института.

Русский промышленник Алексей Путилов, юрист по образованию, управляющий Крестьянским и Дворянским банками, член правления Восточного и Бакинского нефтяных обществ. Принимал активное участие в том, чтобы разработать необходимое законодательство о промышленности и торговле.

Таким образом, можно сказать, что купцы и предприниматели способствовали культурному и техническому прогрессу своей страны и совершили много высоких и благородных дел.

Assignment 5. Answer these questions based on the text.

1. Что объединяло российских купцов и предпринимателей?
2. Где находился главный центр российской торговли?
3. Какое значение имели в России ярмарки?
4. Где проходила самая большая ярмарка?
5. Как называлась самая большая ярмарка?
6. Какие товары были представлены на этой армарке?
7. Какое количество предпринимателей было в России в конце 19-го века?
8. Кем были предприниматели по этническому признаку?
9. Какие общие черты характера и интересы объединяют российских предпринимателей?
10. Расскажите об одном из российских предпринимателей.

Assignment 6. Find in the text complex sentences containing explanatory dependent clauses.

Assignment 7. Finish these sentences by joining dependent clauses to the main clauses. Then determine the aspect of the dependent clauses.

1. Самая большая ярмарка в России называлась нижнегородской потому, что ...
2. Купцы и предприниматели из разных концов России съезжались в Нижний Новгород, чтобы ...
3. Деловое сотрудничество сближало людей, так как ...
4. Российские предприниматели хотели, чтобы ...
5. Российские купцы и предприниматели много сделали для того, чтобы ...

Assignment 8. Retell the text orally, using complex sentences with explanatory dependent clauses.

READING 2: ДЕЛОВЫЕ ПИСЬМА
Письмо 1.
Уважаемые господа,

Мы начали заниматься вопросом отгрузки Ваших товаров, но мы вынуждены Вам сообщить, что у нас возникла проблема.

Похоже, что недавно были изменены правила по упаковке импортных товаров.

По прибытии в порт назначения таможенные власти конфисковали выгруженный груз. Товары будут выпущены только после их переупаковки и оплаты специальной пошлины на товары, проходящие повторно таможенную проверку.

Учитывая, что Ваши товары должны быть поставлены в строго установленный период, мы начали их переупаковку, но мы должны Вас предупредить о возникших дополнительных расходах.

5.01.1995 г.   С уважением,

Assignment 9. Explain the differences in meaning of the prefixes in the following verbs: отгрузить, разгрузить, погрузить, выгрузить.

Assignment 10. Form verbal nouns from the verbs in Assignment 9.

Assignment 11. Write down as many as possible word combinations containing the adjective, таможенный, for example, "таможенные власти."

Assignment 12. Complete the sentences below.

1. Мы начали заниматься вопросом ...
2. Мы хотим сообщить Вам ...
3. Таможенные власти ...
4. Товары будут выпущены только после их ...
5. Мы должны предупредить Вас о новых ...

Письмо 2.
  Уважаемый господин Орлов,

Во время работы Международной торговой ярмарки, Вы посетили наш стенд и проявили интерес к нашим электронным игрушкам.

Я был бы очень рад обсудить с Вами возможность продажи этих товаров в Вашей стране, где у нас нет установившихся связей с какой-либо фирмой.

Прилагаю нашу брошюру "Электронные игрушки", в которую вошли наши самые последние модели, и, в частности, второе поколение "Языковых игр", которая, как нам кажется, Вас интересует.

Надеюсь на скорую встречу с Вами.

8.01.1995 г.   С уважением,
                                               мистер Робенс

(Letters adapted from *Деловая переписка с иностранными фирмами. Практическое пособие.* Москва: Издательство ИМИДЖ, 1991.)

Assignment 13. Write down all the possible word combinations with the adjective, торговый, for example, "тоговая ярмарка."

Assignment 14. Complete the following sentences.

1. Во время работы ярмарки Вы проявили...
2. Я рад обсудить с Вами возможность ...
3. Надеюсь Вас заинтересует ...

Assignment 15. Write an answer to this letter.

HUMOR:
САМОЕ БОЛЬШОЕ ТЕХНИЧЕСКОЕ ДОСТИЖЕНИЕ
В компании учёных шёл разговор о перспективах научно-технического прогресса. Когда русского историка Бориса Дмитриевича Грекова кто-то спросил, какое из технических достижений он считает самым выдающимся, он ответил: "Самым большим достижением я считаю радиоприёмник: ведь его так легко выключить!"

Знаменитые шутят: Анекдоты. Весёлые были. (с. 81) (Москва: "Республика", 1994)

PROVERBS AND SAYINGS
За что купил, за то и продаю.
I'm only telling you what I heard.

Знает кошка, чьё мясо съела.
Well knows the kitten whose meat it has eaten.

Лучше один раз увидеть, чем сто раз услышать.
One picture is worth a thousand words.

И волки сыты, и овцы целы.
You can have your cake and eat it too.

Не так страшен чёрт, как его малюют.
The devil is not as frightening as he is painted.

Чем богаты, тем и рады.
We are happy to share what we have been blessed with.

WORDS AND EXPRESSIONS IN THE TEXTS

Азербайджан	Azerbaijan
азербайджанец, азербайджанцы	Azerbaijani, Azerbaijanis
азербайджанский	Azerbaijani
азиатский	Asian
Азия	Asia
биржа	stock market
"Торгово-промышленная биржа"	commercial-industrial stock market
благо	good
творить благо	to do good
благотворительность	charity
"заниматься благотворительностью"	to be engaged in charitable activity
благотворительный	charitable
"благотворительная деятельность"	charitable activity
"заниматься благотворительной деятельностью"	to be engaged in charitable activity
бурить (что?)	to drill
буровая система	drilling system
буровой мастер	drilling master, drilling foreman
вероисповедание	creed, denomination
вещество	substance
вещь	thing
вкладывать/вложить (что?)(куда?)	to invest, to deposit, to contribute
власть	power
таможенные власти	customs officials
возникать/возникнуть (что?)	to arise, to originate, to emerge
возникла проблема	a problem has come up
вопреки (кому?)(чему?)	despite
выгружать/выгрузить (что?)(куда?)	to unload, to unlade, to disembark
вынуждать/вынудить (что делать?)	to force, to compel
выходить/выйти в отставку	to retire
дворянин, дворяне	nobleman, noblemen
дворянство	nobility
добиваться/добиться (чего?)	to try to get/to obtain
добиваться успеха, успехов	to strive for success, successes
добро	good
"делать добро"	to do good
"творить добро"	to do good
доброта	goodness

добрый	good
"добрый человек"	good man
еврей, евреи	Jew, Jews
еврейский	Jewish
железо	iron
железный	iron
жир	fat
жирный	fatty
закон	law
"создать законы"	to pass laws
законодательство	legislation
"создать законодательство"	to pass laws
значение	meaning
"придавать значение"	to attribute meaning
игрушка	toy
издание (чего?)	publication
издавать/издать (что?)	to publish
издатель	publisher
имя	first name
"именная стипендия"	nominal stipend
"по имени" (кого?)	in the name
институт	institute
"Политехнический институт"	Polytechnical Institute
исповедывать (что?)	to profess
"исповедывать веру"	to profess a faith
Кавказ	Caucasus (mountainous region)
кавказский	of the Caucasus
каменщик	bricklayer, mason
камень	rock
кандидат права	candidate of jurisprudence (graduate degree)
кандидат наук	candidate of science (graduate degree)
каракулевый	astrakhan (fur)
каракуль	asrakhan (fur)
кожа	leather, skin, hide
кожаный	leather
конфискация (чего?)	confiscation, seizure
конфисковывать/конфисковать (что?)	to impound
красильный	dye, coloring
красить (что?)	to dye, to color
краска	dye
красящий	dyer
крестьянин, крестьяне	peasant, peasants

крестьянство	peasantry
лен	linen
льняной	linen
мех, меха	fur, furs
меховой	fur
мещанин, мещане	petty bourgeois
мещанство	petty bourgeosie
мнение	opinion
"вопреки мнению"	in spite of the opinion
нефть	oil
"добыча нефти"	oil resources
Нижний Новгород	Nizhni Novogorod (formerly Gorki)
Нижнегородский	Nizhni Novgorod
нитка, нитки	small thread, threads
нить, нити	tie, thread; ties, threads
обсуждать/обсудить (что?)	to discuss
общество	society, association
"нефтяное общество"	oil association
объединение (чего?)(с кем?) (кого?)(с кем?)	unification
объединять/объединить (что?)(кого?) (с кем?)	to unite
освещать/осветить (что?)	to illuminate
освещение (чего?)	illumination
"газовое освещение"	gas light
"электрическое освещение"	electrical light
основатель института	founder of the institute
основывать/основать (что?)	to found
отгружать/отгрузить (что?)	to ship, to dispatch
отгрузка товара	shipping goods, dispatching goods
отзываться/отозваться (на что?)	to respond to, to answer
отзывчивый	responsive
"отзывчивый человек"	responsive man
переплетать/переплести (что?)	to interlace
переплетаться	to be interwoven
погружать/погрузить (что?)	to load, to lade, to freight
погрузка товара	loading goods, lading goods
порт назначения	port of entry
посещать/посетить (что?)(кого?)	to visit
посещение (чего?)	visit, call
поставлять/поставить товары	to deliver goods
потребление (чего?)	consumption

"производство и потребление" — production and consumption
потреблять (что?) — to consume, to use
пошлина на товары — duty on goods
правление — board
  "член правления" — member of the board
праздник — holiday
праздновать (что?) — to celebrate
преобразовывать/преобразовать (что?) — to transform
прибытие — arrival
  по прибытии — upon arrival
призвание (к чему?) — recognition
  "настоящее призвание" — real recognition
признавать/признать (что?) — to recognize
прилагать/приложить (что?) — to enclose
  прилагать брошюру — to enclose a brochure
принимать участие (в чём?) — to participate
продажа (чего?) — sale
производить/произвести (что?) — to produce
производство (чего?) — production
  "стимулировать рост производства" — to stimulate the growth of production

промысел — industry, trade, business
  "рыбный промысел" — fishing industry
проявить интерес — to show interest
пуск — starting up
  "пуск первого трамвая" — starting up of the first streetcar
пускать/пустить (что?) — to allow
разгружать/разгрузить (что?) — to unload, to discharge, to off-load

разгрузка товара — unloading of goods, discharging of goods

разряд — rank
разрабатывать/разработать — to develop
  "разработать законодательство" — to develop legislation
ранжир — ranking, order
ранжирование (чего?) — arrangement, ranking
ранжировать (кого?)(что?) — to order, to rank
ранжировка (чего?) — rank order
расход — expense
  дополнительные расходы — additional expenses
  космические расходы — astronomical expenses
регулирование (чего?) — regulation
регулировать (что?) — to regulate
регулятор спроса — regulator of demand

связь, связи	links, connections
коммерческие, культурные,	commercial, cultural
установившиеся связи	established connections
экономические связи	economic links
советник (по каким вопросам?)	advisor, councilor
советовать (кому?)	to advise, to counsel
соперник	rival, competitor
соперничать (с кем?)	to rival, to compete
соперничество (между кем?)	rivalry, contest
"деловое соперничество"	business competition
"любовное соперничество"	rival in matters of love
сословие	estate, class
способствовать (чему?)	to facilitate
спрашивать/спросить (кого?)(о чём?)	to ask
спрос	demand
"спрос и предложение"	supply and demand
средства	means
"денежные средства"	monetary means
стекло	glass, window pane
стеклянный	glass
стремиться (к кому?)(к чему?)	to strive
стремление (кого?)(к кому?)(к чему?)	striving
строго установленный период	firmly established deadline
сухой	dry
"сухой хлеб"	dry bread
"сухой человек"	uninteresting person
татарин, татары	Tartar, Tartars
татарский	Tartar
Татарстан	Tartarstan
ткать (что?)	to weave
"ткацкая фабрика"	textile factory
ткач	weaver
товар, товары	product, products
товарный	trade
"товарный знак"	trademark
треугольник	triangle
труд	work
трудиться	to work
трудящийся	worker, working
тюлений	seal
тюлень	seal
уважать (кого?)(за что?)	to respect
уважение	respect
"достоин уважения"	respectable

узбек, узбеки	Uzbek, Uzbeks
узбекский	Uzbek
Узбекистан	Uzbekistan
упаковка товаров	packing of goods
упаковывать/упаковать (что?)	to package, to wrap up
управлять (чем?)	to manage, to direct
"управляющий банком"	manager of a bank
устраивать/устроить (что?)(кого?) (куда?)	to construct, to arrange
устройство	organization, apparatus, mechanism, device
учебное заведение	institution of learning
учредительный комитет	organizational committee
учреждать/учреждить (что?)	to found, to establish
учреждение (чего?)	establishment
флот	fleet
"морской флот"	seafaring fleet
"пароходный флот"	shipping fleet
"речной флот"	river fleet
хлопок	cotton
чёрствый	stale, callous
"чёрствый хлеб"	stale, hard bread
"чёрствый человек"	callous person
честный	honest
честь	honor
шёлк	silk
шёлковый	silk
шерстяной	woolen
шерсть	wool
ярмарка	market
международная торговая ярмарка	international trade market

Appendix I
Key to Selected Assignments

Lesson 2.
Assignment 4.
1. All of these verbs govern the Винительный падеж:

анализировать (что?)
изучать (что?)
приобретать (что?)(кого?)
отстаивать (что?)
финансировать (что?)(кого?)

основать (что?)
разработать (что?)
построить (что?)
приглашать (кого?)
осуществить (что?)

2.

владеть (кем?)(чем?)	Творительный падеж
спорить (с кем?)	Творительный падеж
(о чём?)	Предложный падеж
выступать (с кем?)(с чем?)	Творительный падеж
(где?)	Предложный падеж
пользоваться (чем?)	Творительный падеж

Lesson 3.
Assignment 6.

1a. решаемые
2a. создающий
3a. возглавляемый

1b. решающая
2b. созданные
3b. возглавляющая

Assignment 10.
1. Фирма, продающая подержанные компьютеры, работает в Бостоне.
2. Главой фирмы, продающей подержанные компьютеры, является Алекс Рендалл.
3. Основное в работе фирмы, продающей подержанные компьютеры, сбор и использование информации.
4. Покупателю, покупающему компьютер, посылается данный компьютер для проверки.
5. Покупатель, покупающий компьютер, проверяет его работу в течение 48 часов.
6. О покупателе, покупающем компьютер, сообщают продавца в течение 48 часов.
7. С покупателем, покупающим компьютер, связывают продавца, продающего компьютер.

Lesson 4.
Assignment 1.
1. создать—создана, создано, созданы
2. организовать—организована, организовано, организованы
3. получать—получена, получено, получены
4. передать—передана, передано, переданы
5. подписать—подписана, подписано, подписаны
6. рассчитать—рассчитана, рассчитано, рассчитаны
7. составить—составлена, составлено, составлены
8. выполнить—выполнена, выполнено, выполнены
9. сделать—сделана, сделано, сделаны
10. выдать—выдана, выдано, выданы

Assignment 2.
1. Директор предприятия получил копию контракта.
2. Опытные экономисты составили план работы предприятия.
3. Заказчику выдали готовую продукцию во-время.
4. Фирма получила коммисионные по почте.
5. Бюджет организации не предусмотрел данную сумму.
6. Во многих городах создали филиалы фирмы.
7. Бухгалтер лично получил банковский счёт.

Assignment 5.
1. ... на аукционе организованном ...
2. ... аукцион организован ...
3. Биржевые данные, напечатанные ...
4. ... биржевые данные напечанты ...
5. Деловые документы, полученные ...
6. Деловые документы получены ...
7. Торговая сделка, заключённая, ...
8. ...сделка может быть заключена ...
9. Предприятие, оснащённое ...
10. Предприятие оснащено ...

Lesson 5.
Assignment 2.

предпологать	предполагая	подписывать	подписывая
покупать	покупая	располагать	располагая
продавать	продавая	предусматривать	предусматривая
узнавать	узнавая	заключать	заключая
сопоставлять	сопоставляя	знакомиться	знакомясь
распространять	распространяя	пользоваться	пользуясь

Assignment 3.

предложить	предложив
купить	купив
продать	продав
узнать	узнав
сопоставить	сопоставив
распространить	распространив
подписать	подписав
расположить	расположив
предусмотреть	предусмотрев
заключить	заключив
познакомиться	познакомившись

Assignment 10.

оканчивать	оканчивая
получать	получая
открывать	открывая
организовать	организовывая
помогать	помогая
покупать	покупая
осуществлять	осуществляя
заниматься	занимаясь
мечтать	мечтая

Assignment 11.

прочитать	прочитав
решить	решив
испробовать	испробовав
выбрать	выбрав
организовать	организовав
стать	став
получить	получив

Lesson 6.
Assignment 12.

проводить	проведение
установить	установление
оборудовать	оборудование
построить	построение
повысить	повышение
снабжать	снабжение
обеспечить	обеспечение

Sentences made with these verbal nouns will vary.

Lesson 7.
Assignment 4.

1. Фирма выполнила свои обязательства благодаря тому, что у неё есть (у неё был/имела) высококвалифицированный персонал. (Фирма выполнила свои обязательства благодаря тому, что распологала высококвалифицированным персоналом.)
2. Фирма не выполнила своих обязательств из-за того, что был финансовый кризис.
3. Фирма выпустила на рынок новые товары благодаря тому, что приобрела нужное оборудование.
4. Благодаря тому, что был детальный анализ спроса на рынке фирма изменила своё финансовое планирование.
5. Фирма потерпела убытки из-за того, что была невнимательна к запросам покупателей.
6. Фирма смогла расширить свою деятельность благодаря тому, что изучала и анализировала самые важные элементы маркетинга.
7. Из-за того, что отсутствовал транспорт груз не был доставлен на базу во-время.

Assignment 8.

зависеть от (кого?)(чего?)	Родительный падеж
инвестировать (что?)	Винительный падеж
во (что)	Винительный падеж
пользоваться (чем?)	Творительный падеж
отличаться от (кого?)(чего?)	Родительный падеж
(чем?)	Творительный падеж
получать (что?)	Винительный падеж
от (кого?)	Родительный падеж
управлять (чем?)	Творительный падеж
равняться на (кого?)	Винительный падеж
по (кому?)	Дательный падеж
являться (чем?)	Творительный падеж
ассигновать (что?)	Винительный падеж
(кому?)	Дательный падеж
владеть (чем?)	Творительный падеж

Lesson 8.
Assignment 1.

изучать	несовершенный вид	взять	совершенный вид
изучить	совершенный вид	вернуть	совершенный вид
открыть	совершенный вид	открывать	несовершенный вид
открыть	совершенный вид		

Assignment 2.
1. Сколько времени строили здание фирмы?
2. За какое время построили здание фирмы и гаражи?
3. На какое время фирма пригласила на работы рабочих-строителей?
4. Сколько времени находились в пути грузовые машины, доставляющие строительные материалы?
5. За какое время машины прошли большое расстояние?
6. На какое время шофёры грузовых машин взяли с собой необходимое продовольствие?
7. Через какое время машины прибыли к месту назначения?

Assignment 6.
1. Перед тем как начать совместную работу, группа AROSCO предоставила российским партнёрам возможность ознакомиться с техникой и опытом управления американской нефтяной промышленности.
2. В то время как Дж. Николз Кэтчи был (пребывал) в Москве, были разрешены многие проблемы в области бартерных сделок.
3. До того как начать бурильные работы, необходимо провести профилактику оборудования.

Lesson 9.

Assignment 1.
1. Впереди, *где кончались жилые постройки,* были видны буровые вышки.
2. Студенты, отправились на стажировку туда, *куда рекомендовали опытные специалисты.*
3. Письменное сообщение пришло оттуда, *откуда два дня назад приехали геологи.*
4. Слева, *где было яркое освещение,* стояли на полках измерительные природы.
5. *Где было сосредоточено множество магазинов,* там решили организовать единый торговый центр.

Lesson 10.

Assignment 2.
1. Профессор посоветовал студентам, чтобы они читали "Экономическую газету".
2. Профессор сказал студентам, что необходимо регулярно читать "Экономическую газету".
3. Директор фирмы сказал, что сотрудники фирмы могут получить отпуск в летнее время.
4. Директор фирмы сказал, чтобы сотруники фирмы ознакомились с

новым планом работы.
5. Акционерное общество сообщило, что все желающие купить акции обращались в правление.
6. Акционерное общество предложило, чтобы все желающие купить акции обращались в правление.

Assignment 4.
1. Торговый агент не сообщил, кто направил его на фирму.
2. Молодой бизнесмен не учёл, какую функцию выполняет реклама.
3. Новое предприятие хочет выяснить, какая экономическая ситуация ожидается в ближайшее время.
4. Молодые предприниматели пока не знают, как реализовать их экономические идеи.
5. Необходимо изучить обстановку и понять, как можно использовать громадный промышленный потенциал региона.

Appendix II
Other Business Documents

ИНСТРУКЦИЯ
ПО ЗАПОЛНЕНИЮ ЗАЯВЛЕНИЯ О РЕГИСТРАЦИИ

1. Заявление заполняется на основании устава и учредительных документов предприятия.

2. Заявление заполняется в 1 экземпляре.

3. Заполнение реквизитов заявления осуществляется в следующем порядке:

3.1 **«Вх. номер** _____ от _____» заполяется специалистом Московской регистрационной Палаты, осуществляющим прием документов на регистрацию, в соответствии с входящим номером комплекта регистрационных документов предприятия.

3.2 **«Полное наименование предприятия»** — заполняется в строгом соответствии с наименованием предприятия, указанным на титульном листе устава предприятия.

3.3 **«Сокращенное наименование»** — **«Сокращенное наименование на английском языке»** — заполняются при их наличии в уставе предприятия.

3.4 **«Образование предприятия»** — подчеркивается текст «вновь образовываемое предприятие» или «создаваемое в результате преобразования другого предприятия», в зависимости от того, является регистрируемое предприятие вновь создаваемым или появившимся в результате преобразования уже существующего предприятия. Во втором случае заполняются:

— **«полное наименование»** заполняется в соответствии с указанным в уставе регистрируемого предприятия;

— **«код ОКПО»** заполняется в соответствии с указанным в копии свидетельства о регистрации преобразуемого предприятия.

3.5 **«Юридический адрес (индекс, адрес)»** заполняется в соответствии с указанным в учредительных документах. Наличие почтового индекса обязательно. При заполнении юридического адреса следует пользоваться следующими сокращениями:

бульвар — бульв;	набережная — наб;	площадь — пл;
тупик — туп;	корпус — корп;	комната — комн;
шоссе — шоссе;	город — г;	переулок — пер;
проспект— просп;	улица — ул;	проезд — пр;
строение — стр.		

3.6 **«Руководитель (ф.и.о.)»**, **«Телефон»**, **«Факс»**, **Телекс»** — заполняются в соответствии с данными в учредительных документах, при их отсутствии в учредительных документах — уточняются при приеме документов.

3.7 **«Организационно — правовая форма»** — подчеркивается то название организационно-правовой формы предприятия, которое указано в уставе. Если регистрируемое предприятие является обособленным подразделением с правом открытия текущих и расчетных счетов, необходимо дополнительно выбрать из приведенного перечня свой вид подразделения (филиал и т.д.).

3.8 **«Основной вид деятельности»** — заполняется из устава предприятия в соответствии с видом деятельности, указанным первым или подчеркнутым заявителем.

3.9 **«Уставный фонд»** заполняется в соответствии с указанным в учредительных документах в тыс. руб.

3.10. **«Количество учредителей: физических лиц, юридических лиц»** в соответствии с учредительными документами сообщаются сведения о количестве учредителей — юридических лиц и количестве учредителей — физических лиц с указанием их вклада (в тыс. руб.) в уставный фонд предприятия. Информация дается отдельно по учредителям из Москвы, из других городов РФ, из других стран СНГ, из других стран мира.

3.11 **«Предполагаемое количество рабочих мест»** заполняется в соответствии с имеющейся на момент регистрации информацией о предполагаемом количестве рабочих мест на предприятии.

3.12 **«Заявитель (ф.и.о.)»**, **«Телефон»**, **«Дата»**, **«Паспорт»**, **«Адрес места жительства»** — сообщаются сведения о заявителе: фамилия и инициалы, серия и номер паспорта, адрес места жительства, телефон и дата приема документов на регистрацию.

3.13 Достоверность сообщаемой информации подтверждается **подписью заявителя.**

Примечание. Оборотная сторона заявления заполняется специалистом Московской регистрационной Палаты, который выдает свидельство о регистрации предприятия.

В соответствии с выдаваемым свидетельством о регистрации указываются: номер свидетельства, серия свидетельства, и дата регистрации.

4. При наличии учредителей юридических лиц заполняется приложение **«Учредители».**

Для всех предприятий, кроме акционерных обществ открытого типа, количество заполняемых информационных блоков должно соответствовать количеству учредителей-юридических лиц, указанному в заявлении о регистрации.

Для акционерных обществ открытого типа приложение «учредители» заполняется только для тех учредителей, которым принадлежит более 10 процентов акций.

Приложение «Учредители» заполняется на основании сведений об учредителях регистрируемого предприятия, содержащихся в учредительных документах.

«Тип учредителя» — из приведенного перечня выбирается тот тип учредителя, которому соответствует данный учредитель.

«Полное наименоание» — заполняется в соответствии с наименованием учредителя в учредительных документах.

«Код ОКПО» —заполняется на основании документа о регистрации в органах статистики.

«Регистрационный номер» заполняется в соответствии с копией свидетельства о регистрации данного учредителя.

«Страна» — заполняется в соответствии с указанной в учредительных документах.

«Индекс,» «Республика, область», «Адрес» — заполняются для учредителей из РФ в соответствии с адресом, указанным в учредительных документах.

«Телефон» — заполняется при наличии соответствующей информации в учредительных документах.

«Форма собственности» — из приведенного перечня выбирается та форма собственности, которая соответствует данному учредителю.

«Взнос в ставный фонд» — заполняются в соответствии с указанными в учредительных документах сведениями об общей сумме взноса данного учредителя в уставный фонд регистрируемого предприятия в тыс. руб. (с точностью до 3-х знаков после запятой), его доле (с точностью до 2-х знаков после запятой) в том числе денежном взносе в тыс. руб. (с точностью до 3-х знаков после запятой) и имущественном взносе с его денежными выражением. Из приведенного перечня видов имущественного вклада выбираются соответствующие данному учредителю. При отсутствии требуемого вида в предлагаемом перечне этот вид указывается в строке «другое».

Вх. номер _____ от _____

ЗАЯВЛЕНИЕ

Прошу зарегистрировать _____
(полное наименование)

_____

Сокращенное наименование: _____

Сокращенное наименование на английском языке: _____

_____

Образование предприятия (нужное подчеркнуть):
— вновь образовываемое предприятие;
— создаваемое в результате преобразования другого предприятия;
— полное наименование преобразуемого предприятия:

_____ код ОКПО: _____

Юридический адрес: индекс _____ адрес _____

_____

Руководитель (ф.и.о.): _____

Телефон:_____ **Факс:**_____ **Телекс:**_____

Организационно-правовая форма предприятия (нужное подчеркнуть):

государственное, муниципальное индивидуальное (семейное) частное, полное товарищество, смешанное товарищество, товарищество с ограниченной ответственностью, акционерное общество закрытого типа, акционерное общество открытого типа, ассоциация, союз, концерн, консорциум, корпорация, компания, др. объединения;

при регистрадии обособленных подразделений с правом открытия текущих и расчетных счетов дополнительно подчеркнуть нужное: представительство, филиал, отделение, другое обособленное подразделение.

Основной вид деятельности: _____

_____

Уставный фонд: (тыс. руб.) _____

Количество учредителей: юридических лиц: __ : физических лиц: __

Учредители	Юридические лица		физические лица	
	количество	вклад	количество	вклад
		тыс. руб.		*тыс. руб.*
московские				
иногородние				
из СНГ				
из др. стран				

Предполагаемое количество рабочих мест: _____

Заявитель (ф.и.о.): _____
Паспорт: серия _____ **номер** _____
Адрес места жительства: _____

_____ **Телефон:** _____ **Дата:** _____
(подпись заявителя)

Примечание. Заполняется регистрирующим органом.
Выдано свидетельство:
номер _____ серия _____ дата _____

Свидетельство выдал: _____ (_____)
                              (подпись)   (фамилия)

                                                          (дата)
Свидетельство получил: _____ (_____)
                                   (подпись)   (фамилия)

                                                           (дата)

Приложение к заявлению

УЧРЕДИТЕЛИ

(Для всех предприятий, **кроме акционерных обществ открытого типа**, заполняется по всем **юридическим лицам.** Для акционерных обществ открытого типа — только по тем учредителям, которым принадлежит **более 10% акций)**

Тип учредителя (нужное подчеркнуть): юридическое лицо г. Москвы, юридическое лицо другого города РФ, юридическое лицо другой страны СНГ, юридическое лицо другой страны мира

Полное наименование: _____
_____ **код ОКПО** _____

Для предприятия, зарегистрированного в Москве, указать регистрационный номер: _____
Страна: _____
Юридический адрес:
индекс: _____
республика, область: _____
адрес:
_____

Телефон: _____
Форма собственности: государственная, муниципальная, смешанная с государственной, смешанная с муниципальной, смешанная с государственной и муниципальной, другое.
Взнос в уставный фонд:
    всего: тыс. руб.: _____ процент: _____
    в том числе:
        денежные средства (тыс. руб.): _____
        имущество (подчеркнуть нужный вид имущества и
        указать его денежный эквивалент):

вид имущества:	**денежный эквивалент:**
знание, сооружение	_____ тыс. руб.
оборудование	_____ тыс. руб.
земля	_____ тыс. руб.
интеллектуальная собственность	_____ тыс. руб.
другое: _____	_____ тыс. руб.
_____	_____ тыс. руб.

Тип учредителя (нужное подчеркнуть): юридическое лицо г. Москвы, юридическое лицо другого города РФ, юридическое лицо другой страны СНГ, юридическое лицо другой страны мира

Полное наименование: _____

_____ код ОКПО _____

Для предприятия, зарегистрированного в Москве, указать регистрационный номер: _____
Страна: _____
Юридический адрес:
индекс: _____
республика, область: _____
адрес:

_____

Телефон: _____
Форма собственности: государственная, муниципальная, смешанная с государственной, смешанная с муниципальной, смешанная с государственной и муниципальной, другое.
Взнос в уставный фонд:
   всего: тыс. руб.: _____ процент: _____
   в том числе:
      денежные средства (тыс. руб.): _____
      имущество (подчеркнуть нужный вид имущества и
      указать его денежный эквивалент):
   вид имущества: **денежный эквивалент:**
   знание, сооружение   _____ тыс. руб.
   оборудование   _____ тыс. руб.
   земля   _____ тыс. руб.
   интеллектуальная
   собственность   _____ тыс. руб.
   другое: _____ _____ тыс. руб.
   _____   _____ тыс. руб.

Подпись заявителя _____ **Дата** _____

форма No.1

В Московскую регистрационную Палату,

_____филиал

От _____

ф., и., о.

являющегося учредителем _____

_____

полное название предприятия

ГАРАНТИЙНОЕ ПИСЬМО

Настоящее гарантийное письмо является поручительством
надлежащего исполнения взятых на себя обязательств

Я, _____

паспорт сер. _____No _____, выдан _____ о/м гор. _____

проживающий (ая) по адресу: _____ гор. Москва, _____

представляю свой домашний адрес в качестве юридического адреса _____

_____

_____

полное название предприятия согласно прилагаемому договору

Обязуюсь:

- в 30-дневный срок представить в Московскую реигистрационную Палату
сведения о банковских реквизитах, квалификационных кодах,
подтверждение постановки на учет в налоговую инспекцию и впоследствии
обо всех изменениях;

- своевременно представлять отчетность указанного предприятия в
налоговую инспекцию по месту регистрации и доступ контролирующих
государственных органов к документации предприятия;

- что производственная деятельность, противоречащая правилам исполь-
зования жилых помещений, по указанному адресу производиться не будет.

Если в результате деятельности вышеназванного предприятия третьему
лицу будет нанесен ущерб, связанный с определением местонахождения

_____

_____

полное название предприятия

Я, _____

ф., и., о. полностью

несу с этим предприятием солидарную имущественную ответственность за
ущерб, причиненный третьему лицу.

Согласие совершеннолетних членов семьи, проживающих по указанному
адресу, имеется.

_____   _____

_____   _____

ф., и., о. полностью   подпись

"__ "_____ 199 _ г.

Подпись ответственного квартиросъемщика

Т._____ заверяю.

_____ (подпись ответственного лица РЭУ (ЖСК)

Форма No.2
В Московскую регистрационную Палату,
_____ филиал

ГАРАНТИЙНОЕ ПИСЬМО

*Настоящее гарантийное письмо является поручительством
надлежащего исполнения взятых на себя обязательств.*

Адресователь: _____

_____
полное название юридического лица

представляет адрес:_____ гор. Москва, _____
в качестве юридического адреса _____

_____
полное название регистрируемого предприятия

согласно прилагаемому договору.

Вышеназаванное юридическое лицо гарантиует:

— в 30 дневный срок после регистрации предприятия представить в
Московскую регистрационную Палату сведения о его банковских реквизитах, квалификационных кодах, подтверждение постановки на учет в
налоговую инспекцию и впоследствии обо всех изменениях;

— выполнение установленных законодательством требований по
хранению и своевременному представлению отчетности указанного
предприятия в налоговую инспекцию по месту регистрации и доступ
контролирующих государственных органов к документации предприятия.

Если в результате деятельности вышеназванного предприятия третьему
лицу будет нанесен ущерб, связанный с определением местонахождения

_____
полное название регистрируемого предприятия

_____
юридическое лицо-адресователь

несет с этим предприятием солидарную имущественную ответственность за
ущерб, приченный третьему лицу.

Помещение по адресу _____
является собственностью _____

_____
полное название собственника

находится на балансе (на аренде) _____

_____
должность, ф., и., о. руководителя

М.П.   "___" _____ 199 ____ г.

К настоящему письму представляется подтверждение:

— для аредованного муниципального имущества — копия ордера;
— для аредованного ведомственного имущества — договор аренды;
— для имущества, находящегося у заявителя на правах собственности, —
  свидетельство бюро технической инвентаризации.

Dictionary

А

административный совет	administrative council
Азербайджан	Azerbaijan
азербайджанец, азербайджанцы	Azerbaijani, Azerbaijanis
азербайджанский	Azerbaijani
азиатский	Asian
Азия	Asia
аккредитив	letter of credit
акционер	stockholder
акционерная компания	auction house
акционерный капитал	stock capital
акция, акции	share, shares, stock
акция на предъявителя	common share
именная акция	nominal share
привилегированная акция	preferred share
алмаз	uncut diamond
анализировать (что?)	to analyze

Б

багаж	luggage
бизнес	business
бизнесмен	businessman
билет	ticket
биржа	stock market
"Торгово-промышленная биржа"	commercial-industrial stock market
благотворительность	charity
благотворительный	charitable
благотворительный фонд	charitable fund
"благотворительная деятельность"	charitable activity
"заниматься благотворительной деятельностью"	to be engaged in charitable activity
"заниматься благотворительностью"	to be active in charitable work
"творить благо"	to do good
блок (часть)	divided bloc, share
богатеть/разбогатеть	to enrich
богатство	wealth
богатый	rich
богач	rich man
боеприпасы	ammunition

бороться (за что?) (с чем?)(с кем?) (против кого/чего?)	to fight
борьба	fight, struggle
бриллиант	diamond
бумага	cotton, paper
бумажный	cotton, paper
бурить (что?)	to drill
буровая система	drilling system
буровой мастер	drilling master, drilling foreman
бухта	bay
быт	way of life
бытовая обстановка	everyday conditions

В

ведущий центр	leading center
вексель	promissory note, note of exchange
вероисповедание	creed, denomination
вести (кого?) (что?)	to lead, to guide
вещать (что?)	to broadcast
радиовещание	radio broadcast
спутниковое вещание	satellite broadcast
вещество	substance
вещь	thing
вклад	investment, deposit
вкладывать/вложить (что?)(куда?)	to invest, to deposit, to contribute
владелец фирмы, завода, акций	owner of a company, plant, stock
владеть/завладеть (чем?)	to own, to possess
власть	power
таможенные власти	customs officials
вложение (чего?)(куда?)	investment, investing
внедрение (чего?)(во что?)	introduction, inculcation
внедрять/внедрить (что?)(во что?)	to introduce, to instil
внутренний	internal, interior
внутри	inside
возглавлять/возглавить (что?)	to lead, to be the head of
возглавляющий	leader, manager
возникать/возникнуть (что?)	to arise, to originate, to emerge
возникла проблема	A problem has come up.
возрождать/возродить (что?)	to revive, to regenerate
волнение	excitement, agitation
волновать (кого?)	to excite

волноваться (из-за чего?)(из-за кого?)	to be agitated, to worry
вопреки (кому?)(чему?)	despite
воспринимать/воспринять (что?)	to perceive as, to grasp
воспринимать идеи	to take in ideas
восстановление (чего?)	restoration, rehabilitation
востанавливать/восстановить (что?)	to restore, to renew, to rehabilitate
всходить/взойти	to ascend
всходить/взойти на трон или на престол	to mount the throne
вторичный рынок	secondary market
выгружать/выгрузить (что?)	to unload, to unlade, to disembark
вынуждать/вынудить (что делать?)	to force, to compel
выполнение (чего?)	execution
выполнять/выполнить (что?)	to execute, to carry out
выполнимые планы	feasible plans
невыполнимые планы	impractical, unrealizable plans
выпуск (чего?)	output
выпуск продукции	output of production
выпускать (что?)	to produce
выставка	exhibit
проводить выставку	to conduct an exhibit
выступать/выступить (где?)(когда?) (с чем?)	to perform, to come forward
выступить с речью, с подробным анализом	to give a speech with detailed analysis
выходить/выйти	to go out into
выйти на международный рынок	to enter the international market
выходить/выйти в отставку	to retire
выходить на передовую арену	to emerge onto the foremost arena
выходить на передовые рубежи (чего?)	to emerge on the cutting edge
вычитать/вычесть (что?)(у кого?)	to keep back, to deduct
вычесть деньги	to deduct money

Г

газ	gas
месторождение газа	gas deposit
нефте- и газопереработка	oil and gas treatment
гасить/погасить (что?)	to cancel, to liquidate
гигант	giant
торговый гигант	trade giant

глава фирмы	head of the firm
глобальные проблемы	global problems
гнуть (что?)	to bend, to be flexible
гнуться	to bend
города Содружества	cities of the Commonwealth
гостеприимно	hospitably
гостеприимство	hospitality
гостиная	living room
гостиница	hotel
государство	government
государственный	government
гость	guest
грамота	literacy
грамотный	literate
грамотные кадры	literate cadres
груз	freight

Д

Дальний Восток	Far East
дворец	palace
дворянин, дворяне	nobleman, noblemen
дворянство	nobility
действие	action, effect
решительное действие	decisive action
смелое действие	bold action
действовать (где?)(как?)	to work, to act
дейстововать смело, решилтельно	to act boldly, decisively
дело	business, affair, matter
деловая женщина	businesswoman
деловой	business
деловой человек	business person
деловые люди	business people
денежные средства	monetary means
деньги	money
деньги за работу	money for work
деньги пускать в дело	money to put into the business
деньги пускать в оборот	money to invest
зарабатывать/заработать деньги	to earn money
десятая часть населения занята в бизнесе (кто занят в чём?)	a tenth of the population is engaged in business
десятая часть населения занимается бизнесом (кто занимается—чем?)	a tenth of the population is engaged in business
деятельность	activity, work
деятельный человек	active, energetic person

добиваться/добиться (чего?)	to try to get/to obtain
добиваться успеха, успехов	to strive for success, successes
добро	good
"делать добро"	to do good
"творить добро"	to do good
доброта	goodness
добрый	good
"добрый человек"	good man
доказательство (чего?)	proof
доказывать/доказать (что?)	to prove
доставка (кого?)(чего?)(куда?)	delivery
доставка груза, грузов	delivery of cargo, loads
доставка пассажиров	delivery of passengers
достигать/достичь	to attain
доступ (к чему?)	access, admission, admittance
доступная цена	moderate price, reasonable price
доход	income
драгоценные металлы	precious metals
думать (о ком?)(о чём?)	to think

Е

еврей, евреи	Jew, Jews
еврейский	Jewish
ежегодный доход	annual income

Ж

желание (чего?)	wish
желать (что?)(что сделать?)	to wish
железо	iron
железный	iron
жемчуг	pearl
жизнь	life
жизнь идёт	life goes on
жизнь течёт по прежнему	life flows on as before
жир	fat
жирный	fatty

З

зависеть (от кого?)	to depend
зависимость (от кого?)	subject to, depending on
зависимый	dependent
независимый	independent
заказ	order
заказчик	client, customer
заказывать/заказать (у кого?)(что?)	to order

закон	law
законодательство	legislation
"разрабатывать/разработать законодательство"	to develop legislation
"создать законодательство"	to pass laws
"создать законы"	to pass laws
закусочная	snackbar
закусывать/закусить (чем?)	to have a snack, to have a bite
заполнение (чего?)	filling in
заполнять/заполнить	to fill in
заявка	claim, demand
заявление	announcement
заявлять/заявить	to announce
значение	meaning
"придавать значение"	to attribute meaning
золото	gold
зона	zone
"Свободная экономическая зона"	Free Trade Zone
"Город объявлен свобоной экономической зоной."	The city has been declared a Free Trade Zone.
зуб	tooth (of a person, saw, or knife)

И

игрушка	toy
идеи	ideas
выдвигать идеи	advance ideas
идти впереди (кого?)(чего?)	to go ahead
известность	fame, reputation
известный (где?) (чем?)	famous
изготовление (чего?)	manufacture, manufacturing
изготовлять/изготовить (что?)	to manufacture
издание (чего?)	publication
издавать/издать (что?)	to publish
издатель	publisher
изменение (чего?)	change, alteration
изменять/изменить (кого?)(что?)	to change, to alter
изумруд	emerald
икона	icon
империя	empire
император	emperor
имущественные документы	property documents
имя (чьё?)	first name
"именная стипендия"	nominal stipend
"по имени" (кого?)	in the name

инвестиция	investment
инвестировать (что?)(во что?)(куда?)	to invest
индустрия	industry
индустриальный центр	industrial center
институт	institute
"Политехнический институт"	Polytechnical Institute
интересы	advantage
интересы обеих сторон	advantage of both sides
интересы одной стороны	advantage of one side
ископаемые	minerals
полезные ископаемые	useful minerals
исповедывать (что?)	to profess
"исповедывать веру"	to profess a faith
использование (кого?)(чего?)(в чём?)	use
использовать (кого?) (что?)(в чём?)	to use
использовать свои знания (в чём?)	to use one's knowledge
использовать свои силы (в чём?)	to use one's strengths
исправление (кого?)(чего?)	correction, improvement
исправлять/исправить (кого?)(что?)	to correct, to improve

К

Кавказ	Caucasus (mountainous region)
кавказский	of the Caucasus
каменщик	bricklayer, mason
камень	rock, stone
драгоценные камни	precious stones
кандидат права	candidate of jurisprudence (graduate degree)
кандидат наук	candidate of science (graduate degree)
капитал вырос	capital gain
капитал вырос, увеличился (на сколько?)	capital gain grew, increased
каракуль	astrakhan (fur)
каракулевый	astrakhan (fur)
качество	quality
высокое качество	high quality
низкое качество	low quality
клиент	client
клиентура	clientele
кожа	leather, skin, hide
кожаный	leather
конец планеты	end of the planet
консультант	consultant
консультационное бюро	consulting bureau

консультация	consultation
консультировать (кого?)	to consult
конфискация (чего?)	confiscation, seizure
конфисковывать/конфисковать (что?)	to confiscate, to seize
кооператив	cooperative
кооперативный	cooperative
кооператор	member of a cooperative
королева	queen
королевство	kingdom
король	king
корреспондентский	correspondendence
корреспондентский счёт	correspondent account
космос	cosmos
"космическая связь"	satellite connection
космический корабль	space ship
котировка	quotation
кофемолка	coffee grinder
край	region, administrative division
Хабаровский край	Khabarovsk region
красильный	dye, coloring
красить (что?)	to dye, to color
краска	dye
красящий	dyer
кредит	credit
давать кредит (на какую сумму?)	to give credit
долгосрочный кредит	long-term credit
краткосрочный кредит	short-term credit
кредиты увеличились, выросли, уменьшились (с какой целью?) (до какой суммы?)	credits increased, grew, diminished
предоставить кредиты (кому?) (на какую сумму?)	to grant credit
кредитование	crediting
кредитовать (кого?)(что?)	to credit
крестьянин, крестьяне	peasant, peasants
крестьянство	peasantry
крокодил—кайман	crocodile—cayman
круг интересов (чей?)	sphere of interests
узкий круг интересов	narrow range of interests
широкий круг интересов	broad range of interests
крупный	strong
крупнейший	strongest
самый крупный	strongest
купец (*pl.* купцы)	merchant

купечество	merchants (*collective n.*)
курсы	courses

Л

лавка	store, shop
легенда	legend
живёт легенда	the legend lives
распространилась легенда	the legend spread
существует легенда	the legend exists
лен	linen
лес, леса	forest, forests
в лесу (где?)	in the forest
летать/лететь (куда?)	to fly
летать по делам (с какой целью?)	to fly on business
личный самолёт	private airplane
лом	scrap
ломаться	to break
лотерея	lottery
льняной	linen

М

мастер	master, artisan, craftsman
мастеровой	worker (factory)
мастерская	workshop
монета	coin
место	thing, piece
метталургия	metallurgy
"чёрная металлургия"	ferrous metallurgy
мех, меха	fur, furs
меховой	fur
мечеть	mosque
мечта	dream
мечтатель	dreamer
мечтать (о ком?)(о чём?)	to dream (daydream)
мещанин, мещане	petty bourgeois
мещанство	petty bourgeosie
мнение	opinion
"вопреки мнению"	in spite of the opinion
монастырь	monastery
монета	coin
монетный двор	mint

Н

надоедать/надоесть (кому?) (что делать?)	to be sick of
накладные расходы	overhead expenses

налог	tax
уплата налога	payment of a tax
налогоплательщик	taxpayer
напряжение (чего?)	tension
напряжённая обстановка	tense environment
нарушать/нарушить (что?)	to destroy
нарушение	destruction
население (чего?)	population
население города	population of a city
население страны	population of a country
"население составляет 160 тысяч"	"population is 160,000"
насилие	violence, force
насильно	by force
наследовать (что?)(от кого?)	to inherit
наследство	inheritance
получать/получить в наследство	to receive as an inheritance
получать/получить наследство	to receive an inheritance
насыщать/насытить (кого?)(что?)(чем?)	to saturate, to satiate
насыщение (кого?)(чего?)	saturation, satiety
научно-исследовательский институт	scientific research institute
находиться в руках (кого?)(у кого?)	to be in someone's hands
начало (чего?)	beginning
положить начало (чему?)	to lay a foundation
начинание (чего?)	beginning
начинать/начать (что?)(что делать?)	to begin
начинать дело (когда?) (где?) (как?)	to start a business
начал дело с пятью рублями в кармане	started a business with five rubles in one's pocket
недры	depths
необходимость	necessity
по мере необходимости	perforce, a necessary measure
нефть	oil
"добыча нефти"	oil resources
месторождение нефти	oil deposits
нефтяной	oil
Нижнегородский	Nizhni Novgorod
Нижний Новгород	Nizhni Novgorod (formerly Gorki)
нитка	small thread
нить	tie, thread
нож	knife
бытовые ножи	common household knives
нуждаться (в чём?)	to be in need
нуждаться в материальной помощи	to be in need of material help

О

обеспечивать/обеспечить (что?)(кого?) (чем?)	to secure, to guarantee
обладать (чем?)	to possess
облечать/облечить (кому?)(что?)	to make easier, to ease
облигация	bond, debenture
оборудование (чего?)	equipping, equipment
отопительное оборудование	heating equipment
оборудовать (что?)	to equip
обслуживание (кого?)(чего?)	maintenance, servicing
"обслуживание судов"	maintenance of vessels
"обслуживание туристов"	tourist service
обработанный вид	finished form
обслуживать/обслужить (кого?)(что?)	to service
обсуждать/обсудить (что?)	to discuss
общаться (с кем?)	to associate with
общение	relations, links
общественность	community, public opinion
общественный	social, public
общество	society, association
"нефтяное общество"	oil association
объединение (чего?)(с кем?) (кого?)(с кем?)	unification
объединять/объединить (что?)(кого?) (с кем?)	to unite
объявление (чего?)	announcement
объявлять/объявить (что?)(кому?)	to announce, to declare
опережать/опередить (кого?)(по чему?) ((в чём?)	to outstrip, to leave behind
оперировать (чем?)	to operate, to use, to handle
оперировать крупными категориями	to operate with significantly large categories
осваивать/освоить (что?)	to master, to become familiar with
освещать/осветить (что?)	to illuminate
освещение (чего?)	illumination
"газовое освещение"	gas light
"электрическое освещение"	electrical light
освоение (чего?)	mastering
освоение передовых технологий	mastering of advanced technology
основатель (чего?)	founder
"основатель института"	founder of the institute
основывать/основать (что?)(где?)	to found, to establish

"город основан"	the city has been founded
осторожно	carefully, cautiously
осторожность	care, caution
осторожный	careful, cautious
острый	sharp
осуществление (чего?)	realization, implementation
осуществлять/осуществить (что?)	to realize, to accomplish
осуществляться/осуществиться	to be realized, to come true
идеи осуществились	ideas were realized
идеям не суждёно было осуществиться	ideas were not destined to be realized
отгружать/отгрузить (что?)	to ship, to dispatch
отгрузка товара	shipping product, dispatching goods
отзываться/отозваться (на что?)	to respond, to answer
отзывчивый	responsive
"отзывчивый человек"	responsive man
открывать/открыть (что?)	to open
открыть выход (куда?)	to make an opening
открыть широкие возможности	to open up wide possibilities
отличаться/отличиться (от кого?) (от чего?)(чем?)	to differ, to distinguish
отличие (чего?)(от чего?)(в чём?) (кого?)(от кого?)	difference
отправление (чего?)(куда?)	departure
отправляться/отправиться (куда?)	to be sent, to be dispatched
отражаться/отразиться (на чём?)	to affect , to tell on
революционные события отразились на душевном состоянии Морозова	revolutionary events mentally affected Morozov
отрасль экономики	branch of the economy
отстаивать/отстоять (что?)	to defend, to uphold; to vindicate (*perf.*)
отечественный	home, patriotic
отчество	fatherland

П

пай	share, stock
внести пай	to offer stock
купить, приобрести пай	to buy stock, to acquire stock
работать на равных паях	to work on equal footing
пасть	jaws
разинутая (открытая) пасть	wide open jaws
переводы средств по поручению	transfers of assets on instruction
перенасыщён	oversaturated
переплетать/переплести (что?)	to interlace

переплетаться	to be interwoven
перерабатывать/переработать (что?)	to treat, to convert
перечисление платежей	transfer of payments
перечислять/перечислить платежей	to transfer payments
персона	person, personality
персональный	personal
перспектива	perspective, outlook, future
печатать/напечать (что?)	to print, to type
печатный двор	printing shop
печать	seal, stamp, printing
пиломатериалы	saw timber
платёж, платежи	payment, payments
платёжные документы	payment documents
платина	platinum
платить/заплатить (что?)(кому?) (за что?)	to pay
погружать/погрузить (что?)	to load, to lade, to freight
погружка товара	loading product, lading goods
подержанный	second-hand, formerly used
подросток	adolescent, juvenile, teenager
подсказывать/подсказать (что?)(кому?)	to suggest, to prompt
подсказка	suggestion, prompting
подчинённый	subordinate
подчиняться/подчиниться (кому?) (чему?)	to submit to
подъём (чего?)	development, raising
поименованный	named
покупать/купить (что?)(где?)(у кого?) (для кого?)	to buy
полезный	useful
полностью	completely
целиком и полностью	in total
польза	use, advantage, benefit, profit
пользование	use
для личного пользования	for personal use
сдавать/сдать в пользование	to hire, to let out for use
пользоваться (чем?)	to use, to utilize, to profit
помещать/поместить (что?)(куда?)	to put, to lodge
помещать деньги на условный счёт	to invest or place money in a conditional account
порт	port
порт назначения	port of entry
морской порт	sea port
торговый порт	trade port

посещать/посетить (что?)(кого?)	to visit, to call
посещение	visit, call
поскольку	so long as
последователь (в чём?)	follower
последовательно	consequently
последовательный	successive, consecutive
последовать (кому?)(в чём?)	to follow
посредник (между кем?)	intermediary
"посреднические операции"	middleman operations
поставка (чего?)(куда?)	supply
поставлять/поставить (что?)(куда?)	to supply
поставлять/поставить товары	to deliver goods
потребление (чего?)	consumption
"производство и потребление"	production and consumption
потреблять (что?)	to consume, to use
почерпнуть (что?)	to draw, to glean
правление	board
"член правления"	member of the board
праздник	holiday
праздновать (что?)	to celebrate
превосходить/превзойти (кого?) (в чём?)	to surpass, to excel
превышать/превысить (что?)	to exceed
пределы, границы	boundaries, borders
границы страны	borders of a country
пределы России	boundaries of Russia
далеко за пределами (где?)	far beyond the boundaries
предприниматель	owner of a firm, employer, entrepreneur
предпринимательство	business, undertaking
предпринимать/предпринять (что делать?)	to undertake, to launch
предприятие	enterprise, business
представительство	representation
преставлять/представить (кого?)(что?) (где?)	to represent
предусматривать/предусмотреть (что?)	to foresee, to stipulate, to provide for
предусмотрительно	prudently
предусмотрительность	foresight, prudence
проявлять/проявить предусмотрительность	to show foresight
предусмотрительный	prudent, far-sighted
преобразовывать/преобразовать (что?)	to transform

претензия	claim
иметь претензии	to lay claims, to make claims
преуспевать/преуспеть (в чём?)	to thrive, to prosper
преуспевающий человек (в чём?)	successful, prosperous person
прибыль	profit
ожидаемая прибыль	desired profit
серьёзная прибыль	significant profit
прибыль составляет (какую сумму?)	profit amounts to
прибывать/прибыть	to arrive, to get in
прибытие	arrival
по прибытии	upon arrival
приватизация (чего?)	privatization
приватизировать (что?)	to privatize
привлекать/привлечь (кого?)(что?) (к чему?)	to attract
привлечение (чего?)	attraction
приём (чего?)	receiver, reception
призвание (в чём?)	recognition
"настоящее призвание"	real recognition
признавать/признать (что?)	to recognize
прилагать/приложить (что?)	to enclose
прилагать брошору	to enclose a brochure
принимать/принять (что?)	to accept, to receive
принимать решение самостоятельно	to make an independent decision
принимать участие (в чём?)	to participate
приносить/принести (что?)(кому?) (чему?)	to bring
приобретать/приобрести (что?)	to acquire, to gain
приобретение (чего?)	acquisition, acquiring
природа	nature
природный	natural
"природные богатства разнообразны"	natural resources are diverse
приспособления	devices, paraphernalia
проводить время (как?)(за чем?)	to spend time
продавать/продать (что?)(кому?)	to sell
продавец, продавщица	salesman, saleswoman
продажа (чего?)	sale
продукт	product
продукция (чего?)	production
качественная продукция	high-quality production
некачественная продукция	not high-quality production
разная продукция	different
разнообразная продукция	diversified production

производить/произвести (что?)	to produce, to manufacture
производственный	production
производственный кооператив	production cooperative
производство (чего?)	production
"стимулировать рост производства"	to stimulate the growth of production
прокат	hire, rental
брать на прокат	to rent (for a designated period)
сдавать в прокат	to rent
промысел	industry, trade, business
"рыбный промысел"	fishing industry
промышленник	industrialist
промышленность	industry
лёгкая промышленность	light industry
пищевая промышленность	food industry
тяжёлая промышленность	heavy industry
прописью	in words
профиль (чей?)	profile
производственный профиль	manufacturing profile
многопрофильный	diversified
однопрофильный	one-sided
проявлять/проявить (что?)	to show, to manifest
проявлять интерес	to show interest
пуск (чего?)	starting up
"пуск первого трамвая"	starting up of the first streetcar
пускать/пустить (что?)	to allow
пути развития (чего?)	ways of development
пушнина	furs, skins

Р

рабочие площади	workers' areas
развитие (чего?)	development
развитие промышленности	development of industry
развивать/развить (что?)	to develop
разгружать/разгрузить (что?)	to unload, to discharge, to quarter
разгрузка товара	unloading of goods, discharging of goods
разделять/разделить (что?) (на что?)	to divide, to separate, to share
размещать/разместить (что?)(где?)	to accommodate, to place, to quater
разнообразие (чего?)	diversity
разнобразный	diverse
разный	different, various
разрабатывать/разработать (что?)	to develop

разработка	development
разрешать/разрешить (что?)(кому?)	to solve, to allow
(что делать?)	
разрешить проблему	to solve a problem
разрешение (чего?))	solution
разрешение жизненных проблем	solution of vital problems
разряд	rank
район	region
районный	regional
ранжир	ranking, order
ранжирование (чего?)	arrangement, ranking
ранжировка (чего?)	rank order
ранжировать (кого?)(что?)	to order, to rank
распологать/расположить (чем?)	to dispose, to arrange,
(что?)(где?)	to set out, to be located
расположение (чего?)	disposition, situation
расставание (с кем?)(с чем?)	parting
расставаться/расстаться (с кем?)	to part, to leave
(с чем?)	
навсегда расстаться (с кем?)(с чем?)	to leave forever
расстояние	distance
расход	expense
космические расходы	astronomical expenses
расходовать (что?)	to spend, to expend
реализация (чего?)	realization
реализировать (что?)	to realize
ревнивый	jealous
ревновать (кого?)	to be jealous of
ревность	jealousy
регулирование (чего?)	regulation
регулировать (что?)	to regulate
регулятор спроса	regulator of demand
реконструировать (что?)	to reconstruct
реконструкция (чего?)	reconstruction
ремонт (чего?)	repair
ремонтировать (что?)	to repair
ресурсы	resources
реформа	reform
реформатор	reformer
реформировать (что?)	to reform
рецепт	recipe
ржаветь	to rust
ржавчина	rust
ржавый	rusty

рубеж	border
зарубежные фирмы	foreign companies
рубин	ruby
ручная кладь	hand luggage
рыба	fish
рыболовные суда	fishing vessels
рынок (чего?)	market
рынок будущего	futures market
внутренний рынок	domestic market
международный рынок	international market
рыночные отношения	market relations

С

сапфир	sapphire
сведение	information
связывать/связать (что?)(с чем?) (кого?)(с кем?)	to connect
связь, связи	links, connections
коммерческие, культурные, экономические связи	commercial, cultural economic links
сера	sulphur
серебро	silver
сеть магазинов	network of stores
система магазинов	system of stores
склад (чего?)	warehouse, storage
складывать/сложить (что?)(куда?)	to stack, to heap, to put
славиться/прославиться (где?)(чем?)	to be famous for
следователь	investigator
следовать/последовать	to be bound for
В какую страну следует	country of destination
слияние	flowing together, confluence
"слияние рек"	confluence of rivers
сложный	complicated, complex
"служба быта"	consumer service
служить (кому?)(чему?)	to serve
служить в армии (где?)	to serve in the army
снабжать (кого?)(чем?)	to provide, to furnish, to supply
снабжение (кого?) (чего?)(чем?)	provision, furnishing, supply
собор	cathedral
совершать прогулки	to take walks
советник (по каким вопросам?)	advisor, councillor
советовать (кому?)	to advise, to counsel
современность	modernity, contemporaneity

современный — contemporary
  современный мир — contemporary world
  по-современному — in a contemporary way
создавать/создать (что?) — to create, to establish
создание (чего?) — creation
создатель — creator, founder
созидание (чего?) — creation
созидательный — creative
  созидательная работа — creative work
  созидательное дело — creative matter
  созидательный труд — creative work
сообщение — communication, report
  авиационное сообщение — air connections
  водное сообщение — water connections
  железнодорожное сообщение — rail connections
сообщество — association
соперник — rival, competitor
соперничать (с кем?) — to rival, to compete
соперничество — rivalry, contest
  "деловое соперничество" — business competition
  "любовное соперничество" — rival in matters of love
сопрягаться (с чем?) — to be connected with
сословие — estate, class
сосредоточение (чего?) — concentration, focus
сосредоточивать/сосредоточить (что?) (где?) — to focus, to concentrate
составление (чего?) — composition
составлять/составить (что?) — to put together, to constitute
состояние — fortune
  состояние составляет — fortune amounts to
сотрудник — co-worker
сотрудничать (с кем?) — to cooperate
сотрудничество (что?) — cooperation
  установить сотрудничество (с кем?) — to establish cooperation
спор — argument, debate
спорить (с кем?) — to argue with
способность (к чему?)(что делать?) — talent, capacity
способный — talented, capable
способствовать (чему?) — to facilitate
спрашивать/спросить (кого?)(о чём?) — to ask
спрос (чего?) — demand
  "спрос и предложение" — supply and demand

справиться (с чем?)	to cope, to manage, to deal
справиться с психологическим стрессом	to cope with psychological stress
спутник	satellite
спутниковый приём	satellite receiver
средства	means
средства производства	means of production
денежные средства	monetary means
ставка	rate
процентная ставка	interest rate
стажёр	intern
станок	machine tool
металлорежущие станки	machine metal-cutting tools
старина	antique, antiquity
предметы старины	antiques
стекло	glass, window pane
стеклянный	glass
стиль	style
установить новый стиль общения	to establish a new style of rapport
стоимость (чего?)	cost, value, price
конечная стоимость	final cost, value
остаточная стоимость	remaining value
первоначальная стоимость	initial value
прибавочная стоимость	surplus value
стрелять (в кого?)/	to shoot/
застрелить (в кого?)	to shoot dead (perf.)
стреляться/	to shoot oneself/
застрелиться	to shoot oneself mortally
стремиться (к кому?)(к чему?)	to strive
стремление (кого?)(к кому?)(к чему?)	striving
строго установленный период	firmly established deadline
строить/построить	to build
"строительное оборудование"	building equipment
"строительные алюминиевые конструкции"	construction aluminum
структуры	structures
государственные структуры	state structures
негосударственные структуры	nonstate structures
судоремонтное предприятие	ship repair enterprise
судостроительное предприятие	shipbuilding enterprise
сфера	sphere
"сфера деятельности"	sphere of activity

сухой	dry
"сухой хлеб"	dry bread
"сухой человек"	uninteresting person
сырый вид	rough form
съезд (конгресс)	assembly

Т

таможенная декларация	customs declaration
таможенник	customs official
таможенный досмотр	customs inspection
татарин, татары	Tartar, Tartars
татарский	Tartar
Тартарстан	Tartarstan
текстиль	textile
текстильная фабрика	textile factory
текстильное производство	textile production
темп роста	growth rate
темпы растут	rates increase
ткать (что?)	to weave
"ткацкая фабрика"	textile factory
ткач	weaver
товар, товары	product; products, goods
дешёвый товар	inexpensive product
дорогой товар	expensive product
удешевить товар	to reduce the price of a product
удешевлённый товар	discounted product
товарный знак	trademark
товарный оборот	trade turnover
тонкий	thin, delicate, subtle
тонко	subtly, thinly, delicately
тонкость	thinness, fineness, subtlety
тонкости в работе	subtleties of work
торг, торговля	trade
торговать (чем?)(с кем?)	to trade, to deal, to sell
торговаться/сторговаться (с кем?) (о чём?)	to be trading, to haggle to bargain
торговая марка	trademark
торговая фирма	trading company, leasing firm
торговец	trader, merchant
торговой оборот (какой?)	trade turnover
торговля (чем?)	trade, commerce
торговля в розницу	engaging in retail trade
внутренняя торговля	internal trade
внешняя торговля	external (foreign) trade
внешнеторговая деятельность	foreign trade activity

розничная торговля	retail trade
оптовая торговля	wholesale trade
вести торговлю (с кем?)	to trade, to do business
торговый	trade
торговый дом	business place, business house
торговый ряд	commercial section
трактир	inn
транспорт	transport
транспортировать (что?)(куда?)	to ship, to transport
транспортировка (чего?)	transportation
требование (чего?)	demand
требовать/потребовать (что?)(у кого?)	to require, to demand
треугольник	triangle
труд	work
трудиться	to work
трудящийся	worker, working
тюлений	seal
тюлень	seal

У

уважать (кого?)(за что?)	to respect
уважение	respect
"достоин уважения" (кто?)(за что?)	respectable
увлекаться/увлечья (кем?) (чем?)	to be fascinated
увлечение	enthusiasm, passion
уголь	coal
месторождение угля	coal deposit
угольный	coal
удаваться/удасться (что сделать?)	to succeed
уделять/уделить (что?)(кому?)(чему?)	to give, to devote
уделять внимание (кому?)(чему?)	to give attention, to pay attention
удобно	conveniently
удобный	convenient
удобство	convenience, comfort
Узбекистан	Uzbekistan
узбек, узбеки	Uzbek, Uzbeks
узбекский	Uzbek
узел	knot
"промышленный и транспортный узел"	industrial and transportation center
ум	mind, intellect, wit
умение (что делать?)	ability, skill, know-how
уметь/суметь (что делать/сделать?)	to know how
умно	intelligently

умный	intelligent, smart
уничтожать/уничтожить (кого?)(что?)	to eliminate, to annihilate
уничтожение (кого?)(чего?)	annihilation
упаковка товаров	packing of goods
упаковывать/упаковать (что?)	to package up, to wrap up
управление (чем?)(кем?)	management, administration
управлять/управить (кем?)(чем?)	to manage, to direct, to administer
управляющий (чем?)	manager
"управляющий банком"	manager of a bank
условие	condition, clause
условия жизни	conditions of life, standard of living
условиться (с кем?) (о чём?)	to agree, to settle
условный	conditional
усложнение (чего?)	complication
усложнять/усложнить (что?)	to complicate
успех	success
достигший успеха	having attained success
успешный	successful
уставной капитал	start-up capital
устаревать/устареть	to age, to get older, obsolete, out-of-date
устраивать/устроить (что?)(кого?) (куда?)	to construct, to arrange
устроиство	organization, apparatus
утверждать/утвердить (что?)	to assert, to affirm, to maintain
утверждение (чего?)	assertion
участвовать (в чём?)	to participate in
участие (в чём?)	participation
принять участие (в чём?)	to take part in
участник	participant
учебное заведение	institution of learning
учредительный комитет	organizational committee
учреждать/учредить (что?)	to found, to establish
учреждение (что?) (чего?)	establishment

Ф

фиксировать/зафиксировать (что?) (где?)	to record, to fix
финансы	finances
финансист	financier
финансирование (чего?)	financing
финансировать (кого?)(что?)	to finance
финансовая форма	form of financing

флот	fleet
"морской флот"	seafaring fleet
"пароходный флот"	shipping fleet
"речной флот"	river fleet

Х

хлопковый	cotton
хлопок	cotton
хлопчатобумажная фабрика	cotton factory
хозяин	owner, proprietor, master, boss
хозяйка	owner, proprietess, landlady
хозяйничать (где?)	to manage
хозяйство	economy, household
храм	church, temple

Ц

ценный	valuable
ценные бумаги	securities
церковь	church
цифр	sipher, number
цифрами	numbers written as figures

Ч

частично	partially
частный	private
черствый	stale, callous
"чёрствый хлеб"	stale, hard bread
"чёрствый человек"	callous person
честный	honest
честь	honor

Ш

шёлк	silk
шёлковый	silk
шерстяной	woolen
шерсть	wool

Э

экономика	economy
экономист	economist
экономическая система	economic system
экономический	economic
экономический центр, институт	economic center, institute
экспансия	expansion
эксперт	expert
экспертиза	expertise
экспертное бюро	expert bureau
энергоснабжение	energy supply

Ю
ювелирные изделия   gold and silver ware, jewelry
Я
ярмарка   market
яхта   yacht